Abschied nehmen –

Trauer um ein geliebtes Tier

F&O

Für Dorian, Emi und Balou

Eva Dempewolf

Abschied nehmen – Trauer um ein geliebtes Tier

Ein Begleit- und Praxisbuch

F&O

Bibliografische Informationen der Deutschen Nationalbibliothek
Die Deutsche Nationalbibliothek verzeichnet diese
Publikation in der Deutschen Nationalbibliografie;
detaillierte bibliografische Daten sind im Internet über
http://dnb.d-nb.de abrufbar.

ISBN 978-3-95693-012-6

Lektorat / Korrektorat: Berenike Schaak / Dr. Alexander Schug

Grafisches Gesamtkonzept, Satz und Layout:
Stefan Berndt – www.fototypo.de
Titelillustration: Leandro Alzate

Freundschaft: www.facebook.com/fredundotto

Vorwort

Sieben Männer und zwölf Frauen sitzen in einem größeren Raum bei Kaffee und Kuchen zusammen. Die meisten kennen sich, treffen sich hier regelmäßig, jeden ersten Montag im Monat. An einigen der liebevoll gedeckten Tische wird gelacht. Auch wenn der Anlass der Zusammenkunft alles andere als fröhlich ist. Denn wir sind in einem Trauercafé, einer geleiteten Selbsthilfegruppe für Menschen, die einen nahen Angehörigen verloren haben. Eingeladen haben der örtliche Hospizverein und der Pfarrer, der ebenso anwesend ist wie drei ehrenamtliche Trauerbegleiterinnen, darunter ich.

Zwei Frauen sind heute das erste Mal dabei, beiden steht ihr Schmerz ins Gesicht geschrieben. Eine trauert um ihren Bruder, der Suizid begangen hat, die andere, nennen wir sie Caroline H., beklagt den Tod ihres Lebensgefährten, mit dem sie 15 glückliche Jahre zusammengelebt hat. Er und sie waren ein eingespieltes Team gewesen und hatten jede freie Minute gemeinsam verbracht.

Beide Frauen sind gekommen, weil sie sich im Austausch mit anderen Betroffenen Linderung für ihren Schmerz erhoffen, und beide finden Aufmerksamkeit und viel Mitgefühl – bis Caroline H. eröffnet, dass ihr Lebengefährte ein vierbeiniger solcher gewesen war.

Das Gespräch an dem Tisch, an dem Frau H. sitzt, verstummt abrupt. Mit einem Schlag ist es vorbei mit der Empathie. Ein Hund !?! Das ist doch kein Grund für solch tiefe Trauer! Fast körperlich wird die Distanz spürbar, die Kälte, die Caroline H. auf einmal entgegenschlägt. Wie kann es jemand wagen, den Schmerz um den Verlust eines Tieres dem um einen Menschen gleichzusetzen? Ein Hund! Das ist doch etwas ganz anderes. Und der ist doch ersetzbar.

Caroline H. sitzt da wie versteinert, trinkt hastig ihren Kaffee aus und verlässt dann fast fluchtartig den Raum. Anstelle des erhofften Trostes hat sie nur Ablehnung erfahren, der Schmerz ist größer als vorher ...

Mir geht das Ganze noch lange nach. Es mag naiv von Frau H. gewesen sein, in einem solchen Umfeld Unterstützung zu erhoffen. Und doch – ihr Leid ist nicht geringer als das der anderen Anwesenden, gleichzeitig erfährt sie von außen, kein Anrecht auf ihre Trauer zu haben.

Diese Geschichte, die inzwischen Jahre zurückliegt, brachte mich auf den Gedanken, in meiner Praxis Trauerbegleitung speziell für Menschen anzubieten, die ein geliebtes Tier verloren haben. Mit Caroline H. habe ich damals mehrere Einzelgespräche geführt, und sie hat sich bald darauf entschieden, einem anderen Vierbeiner ein Heim zu bieten. Erst kürzlich traf ich die zwei bei einem Spaziergang, vergnügt wirkten beide, es geht ihnen gut miteinander.

Ein Buch als Trauerbegleiter?

Ein Buch kann keinen Trost spenden – das kann nichts und niemand –, aber es kann Wege aufzeigen zu neuen Verhaltensmöglichkeiten und letztlich zu neuer Lebensfreude. Mit *Abschied nehmen – Trauer um ein geliebtes Tier* möchte ich Ihnen, speziell auf den Verlust eines Tieres zugeschnitten, Informationen und Übungen an die Hand geben, die sich in der Trauerbegleitung bewährt haben.

Der Aufbau entspricht dem einer geführten Trauergruppe mit sieben Sitzungen/Treffen. Wenn Sie mögen, können Sie sich dieser Struktur anschließen und beispielsweise einen festen Wochentag wählen, an dem Sie dann jeweils ein Kapitel lesen und die dazugehörigen Übungen machen. Selbstverständlich können Sie das Buch aber auch auf einmal durchlesen oder einfach darin blättern und mit einem Text beginnen, der Sie gerade besonders anspricht. Vielleicht lesen Sie zum Einstieg einfach auch nur ein paar der Geschichten von Menschen, die ebenfalls ein geliebtes Tier verloren haben. Oft ist es schon entlastend, wenn man spürt, dass man nicht allein ist. Ich vertraue darauf, dass Sie selbst am besten wissen, was Ihnen in Ihrer momentanen Situation gut tut.

Abschied nehmen – Trauer um ein geliebtes Tier erscheint in einem „Hundebuch-Verlag“, ich habe das Buch aber für alle Menschen geschrieben, die einen Begleiter betrauern, sei es Hund, Katze, Pferd, Kaninchen, Meerschweinchen, Reptil, Fisch, Vogel …

Es geht um den Verlust einer *Beziehung*, zu wem auch immer, und dabei spielt es keine Rolle, ob der Lebensgefährte groß oder klein war, vier samtige, krallenbewehrte Pfoten, ein glänzendes Gefieder oder möglicherweise Reptilienhaut oder Flossen hatte.

Es geht um den Schmerz, um die Leere, die zurückbleibt, wenn ein Geschöpf, mit dem wir unser Leben geteilt haben, nicht mehr da ist – oder uns bald zu verlassen droht. Denn Trauer setzt nicht erst ein, wenn der Gefährte bereits verstorben ist. Hohes Alter und/oder eine schwere, finale Krankheit stellen uns vor Herausforderungen, die wir allein nur schwer bewältigen können.

Auch die Dauer des Zusammenseins spielt meiner Erfahrung nach eine eher untergeordnete Rolle. Ein viel zu früh beendetes Leben schmerzt möglicherweise gerade deshalb besonders, weil es nicht gelebt werden durfte. Und manche Arten haben von Natur aus eine verglichen mit unserer sehr geringen Lebenserwartung. Doch auch eine kurze gemeinsam verbrachte Zeit kann sehr intensiv sein, und entsprechend tief sind Kummer, Schmerz und Leid.

Es liegt mir fern, Menschen zu verletzen, die nicht verstehen, dass jemand um beispielsweise einen Vogel ebenso verzweifelt trauert wie um ein Kind, einen Partner oder ein Elternteil. Ich möchte um Verständnis werben dafür, dass Leid subjektiv empfunden wird, dass es keinen objektiven Maßstab gibt für den Schmerz, die Verzweiflung und den Kummer, den ein Verlust auslöst.

Inhalt

Zu diesem Buch

Der Aufbau dieses Buches, das ich Ihnen als Vademecum zur erleichternden Verarbeitung Ihrer persönlichen Trauer an die Hand geben möchte, entspricht dem einer geführten Trauergruppe.

Die Kapitel beginnen jeweils mit einer kurzen Schilderung des Treffens. Es folgen Informationen, die ich den Teilnehmern an Hintergrundwissen zu Tod und Trauer anbiete – in der Therapie nennen wir das „Psychoedukation". Psychoedukation kann Betroffenen und ihren Angehörigen helfen, ihre Befindlichkeit besser zu begreifen und nachvollziehbar zu machen. Das Verstehenkönnen bildet die Grundvoraussetzung für den selbstverantwortlichen Umgang mit den Beschwerden und ihre erfolgreiche Bewältigung. Es trägt dazu bei, das eigene Erleben als weniger abstrus zu empfinden, indem es Klarheit darüber vermittelt, wie trauernde Menschen ticken, und die eigenen Gefühle und Körperempfindungen als (meist) völlig normal darstellt.

In einigen Kapiteln finden Sie zudem praktische Informationen – welche Möglichkeiten es beispielsweise gibt, eine Gedenkstätte für den Verstorbenen zu errichten. Und ab Seite 205 sind ganz konkrete Hinweise für Menschen aufgeführt, die einen Trauernden gut begleiten möchten. Viele Freunde und Angehörige wollen ehrlich Trost und Unterstützung geben. Leider nur ist so vieles, was wirklich gut gemeint ist, in Wahrheit oft wenig hilfreich. Aber das wissen Sie ja wahrscheinlich aus eigener Erfahrung. Dabei ist es im Grunde ganz einfach, das „Richtige" zu tun und zu sagen, man muss nur wissen wie.

Meine Bitte: Lassen Sie sich auch auf die Übungen ein, die ich sowohl in Gruppen als auch in der Einzelbegleitung gerne einsetze. Zwar ist es etwas anderes, wenn Sie sie alleine machen, aber ich vertraue darauf, dass Sie den rechten Zugang finden und Ihr Unbewusstes Ihnen zieldienliche, hilfreiche Bilder schickt. Und bedenken Sie, dass alles, was kommt, immer nur Momentaufnahmen sind. Wenn Sie dieselbe Übung ein paar Tage oder auch nur ein paar Stunden später machen, können unter Umständen ganz andere Assoziationen erscheinen.

Natürlich passt nicht jede Übung für jeden, doch ich bin sicher, dass Sie das für sich Hilfreiche erkennen. Und wenn man sich einmal hingesetzt und damit begonnen hat, fällt es erfahrungsgemäß auch ganz leicht – und es erleichtert wirklich!

In der Praxis arbeite ich nach dem hypnosystemischen Ansatz viel im Raum und auch mit Imaginationen/Tranceinduktionen, die wichtiger Bestandteil des inneren Heilungsprozesses sein können. Für ein Buch eignen sich diese Methoden natürlich nicht, aber ich möchte Sie einladen, sich ggf. einen entsprechend ausgebildeten kompetenten Therapeuten zu suchen.

Das Bewusste ist klug,
das Unbewusste ist weise.
Milton Erickson

Weil ich in (Trauer-)Gruppen und Supervisionen die Erfahrung gemacht habe, dass meist schon das Gefühl „ich bin nicht allein“ als ausgesprochen hilfreich erfahren wird, habe ich für dieses Buch Menschen gebeten, ihre ganz persönlichen Erlebnisse zum Verlust eines geliebten Tieres aufzuschreiben. Wie sie mit schwierigen Entscheidungssituationen umgegangen sind, wie sie den Tod ihres Gefährten und die damit verbundene Trauer erlebt und bewältigt haben. Diese Berichte finden Sie zwischen den einzelnen Kapiteln.

Das Aufschreiben des Erlebten und Erinnerten kann per se ein wichtiger Teil der Trauerbewältigung sein, und ich empfehle es allen meinen Patienten bzw. Teilnehmern einer Trauergruppe. Aber damit sind wir eigentlich schon mitten im Text ...

Anmerkung: Der leichteren Lesbarkeit halber habe ich in dem Buch durchgehend die männliche Form verwendet. Natürlich sind damit immer auch Leserinnen bzw. weibliche Verstorbene gemeint.

Was ist passiert?

Erstes Treffen der Trauergruppe

Zum ersten Treffen der Trauergruppe kommen elf Menschen, die ganz unterschiedliche Verluste erlitten haben und auch ganz unterschiedlich damit umgehen. Gemeinsam ist allen, dass sie um ein geliebtes Tier trauern und sich von der Gruppe und professioneller Begleitung Unterstützung erhoffen, weil sie das Gefühl haben, auf diesem Wege besser über ihren Verlust hinwegzukommen.

In der Eingangsrunde berichtet jeder der Anwesenden in ein paar Sätzen, was passiert ist. Vier Teilnehmer haben ihr Tier einschläfern lassen, bei zweien ist es von selbst friedlich verstorben. Ein Herr beschreibt, dass er Zeuge wurde, wie sein geliebter Hund von einem Jäger erschossen wurde. Eine junge Frau erzählt, ihr Spaniel sei ihr beim Spaziergehen davongerannt und vor ihren Augen überfahren worden. Ein Mann, Mitte Zwanzig, beklagt, dass er nicht damit klarkomme, dass sein Kater unter offensichtlich unerträglichen Schmerzen und furchtbarem Würgereiz wohl an Herzversagen tot zusammengebrochen sei, nachdem er etwa eine halbe Stunde lang grauenvoll schreiend durch die Wohnung gerannt war.

Recht verstört wirkend und in abgehackten Sätzen berichtet eine ältere Dame, Magdalena, dass ihre Katze seit inzwischen sechs Wochen vermisst wird. Die Hoffnung, dass sie wohlbehalten zurückkommt, hat sie mittlerweile aufgegeben. Doch sie hätte so gern die tröstliche Gewissheit, dass ihre Minou im Katzenhimmel ist, dass sie, wenn sie schon nicht mehr lebt, zumindest nicht unnötig hat leiden müssen. Ihre schlimmste Befürchtung ist, dass Minou, wie in ihrem eigenen Bekanntenkreis geschehen, irgendwo eingesperrt war oder noch ist und elend verhungert und verdurstet. Der Kater der Familie, von dem sie berichtet, wurde gute zwei Monate nach seinem Verschwinden tot in einem Nachbarskeller aufgefunden; Details will sie uns ersparen, aber die Fantasie jedes Einzelnen erzeugt ganz automatisch Bilder des vermuteten grauenvollen vergeblichen Überlebenskampfes des hilflosen Tiers. „Die ersten zwei, drei Tage nach Minous Verschwinden habe ich noch gewartet und gehofft, aber auch schon die Straßenränder abgesucht. Zum Glück – obwohl ich heute nicht weiß, ob es wirklich ein Glück war – fand ich sie nicht." Danach hatte sie eine große Vermisstenaktion gestartet, mit Zetteln, Telefonaten etc., die gesamte Nachbarschaft und alle angrenzenden Straßen abgeklappert, überall geklingelt, gebeten, dass jeder in seinen Keller, seine Garage, sein Mülltonnenhäuschen schaut. Nichts! Nur wachsende Verzweiflung. Eine freundliche Frau habe sie auf diese Trauergruppe hingewiesen, von der sie gehört habe, ob das nicht etwas für sie sei. Nun sei sie da, und alle anderen hätten zumindest ein Grab, eine Urne ... nur sie nicht ... Alle anderen wüssten, dass es ihren Verstorbenen jetzt „gut" gehe ... nur sie nicht ... Sie fischt nach einem Taschentuch, tupft sich die Tränen ab.

Ein Teilnehmer bleibt lange stumm; erst nachdem alle anderen gesprochen haben und ihn nun erwartungsvoll anblicken, beginnt er, auf wiederholte Einladung hin, stockend zu sprechen. Er heiße Albert und wisse eigentlich gar nicht, ob er hier richtig sei. Sein Nico lebe ja noch, aber sein Tierarzt habe ihm die Gruppe empfohlen. Wohl weil er eben jetzt schon trauert – wenn auch nicht um seinen alten und sehr kranken Schäferhund, der ja noch atme und noch immer so wache und lebendige Augen habe, so doch um die schönen gemeinsamen vergangenen Tage. „Und ehrlich gesagt habe ich einfach Angst. Angst, ihn loszulassen, Angst vor dem endgültigen Abschiednehmen, Angst vor der Leere, die dann bestimmt herrscht. Was soll ich nur tun? Egal was ich mache oder nicht mache, es ist immer das Verkehrte ..."

Auch wenn jede Trauer natürlich individuell ist, erkennen wir in der Gruppe doch zahlreiche Gemeinsamkeiten. Dieses Gefühl des „Ich bin nicht allein" wird schon für sich genommen als ausgesprochen trost- und hilfreich erlebt. Dass alle darunter leiden, dass sie sich in ihrem Schmerz nicht gesehen fühlen, verbindet ebenso wie die gemeinsame Angst, nicht „normal" zu sein, weil die Trauer um ein Tier sie derart aus der Bahn wirft.

Als besonders schlimm empfinden alle außerdem, dass sie ihre Verzweiflung nach außen nicht zeigen dürfen, weil die Trauer um ein Tier auch heute noch weitgehend nicht ernst genommen wird. Natürlich bekommen sie – auch mitfühlende – Worte des Trostes, doch wirklich verstanden in ihrem tiefen Leid fühlt sich außerhalb der Gruppe keiner. Und so haben sie alle praktisch aufgehört, über ihre Trauergefühle zu sprechen.

Dabei ist das Erzählendürfen für Trauernde so wichtig, weil der Weg, einen Verlust als wirklich akzeptieren zu können, für viele Menschen über das wiederholte Erzählen führt. Im Gesprächskreis finden sie, was ihnen in ihrem alltäglichen Umfeld oft allzu schnell verwehrt wird: offene Ohren und Verständnis für diese Notwendigkeit des Erzählens.

Es ist gut und wichtig, seine Trauer, seinen Schmerz aussprechen, in Worte fassen zu dürfen. Denn wenn wir sie in uns verschließen, werden wir selbst leicht starr und hart. Das Leben kann nicht mehr fließen.

Am Ende der Sitzung vereinbaren wir daher auch, dass jeder bis zum nächsten Treffen der Gruppe seine individuelle Geschichte aufschreibt und dann über die Erfahrungen berichten wird.

Aberkannte / nicht gesehene Trauer

Was die Trauer um ein geliebtes Tier so schwer macht, ist nicht zuletzt die Tatsache, dass man als Betroffener auch heute noch weithin in seinem Leid nicht wirklich ernst genommen wird.

Um sich lösen zu können, braucht Trauer Zeit und Raum. Und dieser Raum wird oftmals nicht gegeben, wenn der Verlust sozial nicht anerkannt ist und insofern nicht öffentlich gezeigt werden kann. Die Herausgeber der renommierten Fachzeitschrift *Leidfaden* formulierten es erst jüngst in der Ausgabe *Leid im Abseits* wie folgt:

„Trauer kann erschwert werden, wenn andere den erlittenen Verlust und dessen Bedeutung für einen Menschen nicht wahrnehmen, stattdessen negieren und dem Betroffenen damit auch den Grund zu trauern absprechen. Das kann so weit gehen, dass die Trauer offiziell aberkannt oder sozial sanktioniert wird. Menschen ‚ohne Recht' zu trauern leiden im Verborgenen, ohne Ansehen und isoliert, und erleben sich so in ihrer Trauer (zusätzlich) alleingelassen."

Menschen, die ein geliebtes Tier verloren haben, leiden also quasi doppelt: Zum einen um den konkreten Verlust, darüber hinaus aber auch noch darunter, dass sie ihrem Leid nicht öffentlich Ausdruck verleihen können. Trauer wird schwierig, wenn der Hinterbliebene den Eindruck hat, kein Recht auf seine Trauer zu haben. Unsere Leistungsgesellschaft hat wenig Platz für Trauernde, und wenn dann auch noch „nur ein Tier" der Anlass ist ... Aber wem sage ich das?

Wer derart stark um ein Tier trauert, verstößt in gewisser Weise gegen die Normen der Gesellschaft, die gewissen Formen von Verlust gleichsam die Legitimation absprechen und diesen damit nicht würdigen. Natürlich hat sich diese Einstellung schon etwas geändert, natürlich darf man heute zugeben, um ein Haustier, das ja auch ein Familienmitglied war, zu weinen, und man darf auch eine gewisse Zeit traurig sein. Aber damit hat es sich dann auch. Dass der Verlust eines vierbeinigen oder geflügelten Lebensgefährten so tief gehen kann, dass jemand sein ganzes Leben in Frage stellt, dass alles freud- und sogar sinnlos erscheint, ist für Außenstehende oft nicht nachvollziehbar. Das kann nicht sein – weil es nicht sein darf. So funktionieren wir in unserem Alltag und verschließen unseren Schmerz, der sich dadurch freilich oft verfestigt und, anstatt sich auflösen zu können, immer heftiger wird und immer mehr Lebensenergie frisst.

Trauer-Anlässe

Erfahrungsgemäß hängt die Art und Intensität der Trauer oft stark von den jeweiligen Todesumständen ab. War der Verstorbene alt oder schwer krank, sieht die Trauer meist anders aus, als wenn er – womöglich durch eine kurze Unaufmerksamkeit des Besitzers – durch einen Unfall aus dem Leben gerissen wurde oder auf Nimmerwiedersehen einfach verschwand. Auch die Familiensituation der Hinterbliebenen spielt eine

Rolle: War das Tier Mitglied einer größeren Familie oder primäre, womöglich sogar einzige Bezugsperson eines (älteren) Menschen?

Die Lebensumstände, Alter und Geschlecht des Hinterbliebenen sind häufig auch hinsichtlich sozialer Akzeptanz der Trauer ausschlaggebend. So wird die Trauer einer verwitweten, allein lebenden älteren Dame um ihrem Schoßhund meist eher gesehen und gewürdigt als beispielsweise die eines in seine Familie eingebundenen Geschäftsmannes im besten Alter, der vielleicht seinen Jagdhund verloren hat. Dabei ist die Wahrscheinlichkeit, dass dieser Mann schwerer über den Tod seines Gefährten hinwegkommt als die alte Dame, womöglich sogar größer – eben weil er kein Forum für seine Gefühle findet.

Wie wichtig es ist, seiner Trauer Ausdruck geben zu können und Verständnis dafür zu finden, habe ich bereits angesprochen. Wir sind soziale Wesen, und auch wenn unterschiedliche Menschen und Charaktere unterschiedliche Bedürfnisse haben, so brauchen wir, in unterschiedlicher Form, doch alle Akzeptanz, Verständnis und Empathie.

Der Schmerz um einen Verlust ist unabhängig von äußeren Faktoren. Leid wird immer subjektiv empfunden, es gibt keinen objektiven Maßstab für Verzweiflung und Kummer, und niemand sollte sich anmaßen darüber zu urteilen, wer wie sehr um wen trauern darf.

Vermisst – die unaushaltbare Ungewissheit aushalten

Bei ungeklärtem Verschwinden setzt die „klassische" Trauer oft mit einer gewissen Verzögerung ein. Noch mehr als bei einem klaren Todesfall fühlen wir uns unseren Emotionen hilflos ausgeliefert – wie ein Spielball unserer Gefühle, die uns überfluten und manchmal wie ein haushoher Tsunami zu überrollen scheinen.

Angst – Hoffnung – Schuldgefühle – Suchen – Beten/Bitten – und wieder Angst – Hoffnung – Verzweiflung – Selbstvorwürfe – Hoffnungslosigkeit ...

Alles ist offen, oft gibt es über einen sehr langen Zeitraum keine Klärung, manchmal erfolgt sie nie. Körperlicher Aktionismus – mehrere Hundert Suchzettel aufhängen und in ungezählte Briefkästen werfen – wechselt sich ab mit Phasen totaler emotionaler Erschöpfung. Was könnte ich noch tun? Was habe ich vergessen? Was habe ich versäumt? Dazu der tiefe Wunsch, dass der Vermisste, wenn er schon nicht mehr lebt, zumindest nicht lange leiden musste. Wir suchen verzweifelt nach einem Strohhalm und müssen schließlich doch lernen, mit der Lücke zu leben, müssen – irgendwie – aushalten, dass es so ist.

Viele Menschen wollen lieber Gewissheit als die andauernde Unsicherheit, auch wenn diese ja noch ein Fünkchen Hoffnung enthalten könnte. Das ist ganz natürlich, denn was wir mit unseren Sinnen nicht wahrnehmen können, fällt uns viel schwerer anzunehmen und zu glauben.

Jeder Betroffene geht anders und in anderem Tempo mit der Ambivalenz um, mit diesem grauenvollen, schier unaushaltbaren Schwebezustand, der doch ausgehalten werden muss. Wir sitzen auf einem Schleudersitz und müssen damit leben lernen, dass ungewiss ist, was mit unserem Gefährten geschah. Eine schwere Aufgabe.

Wird der Vermisste nie gefunden, kommt hinzu, dass kein Abschiednehmen im eigentlichen, „körperlichen“ Sinne möglich ist. In diesem Fall müssen wir eine andere Form des Abschieds finden, um zu einem einigermaßen erträglichen Abschluss zu kommen und wieder zumindest etwas inneren Frieden zu finden.

Wenn der Abschied leise kommt – Trauer bei Alter/Krankheit

Steht der unabwendbare Tod eines hochbetagten und/oder schwerkranken Gefährten fest, fühlt man sich oft besonders hilflos. Das Miteinander ist geprägt von so genannter vorauseilender oder vorgreifender Trauer. Hinzu kommt eine *doppelte* Angst: Die Angst vor dem Sterbeprozess und die Angst davor, wie es hinterher sein wird. Wird man den Schmerz aushalten? Dazu gibt es oft auch Schuldgefühle: Einerseits klammert man sich verzweifelt daran, dass der Patient „ja noch atmet", andererseits hofft man bisweilen, ohne es sich offen eingestehen zu wollen, dass es bald „gut vorbei" sein wird.

Heute weiß man, dass Tiere grundsätzlich anders mit schweren Erkrankungen und körperlichen Einschränkungen umgehen als wir Menschen. Da sie sich in ihrem Denken und Fühlen ganz auf die Gegenwart beziehen, fallen viele belastende Gedanken und Ängste, wie wir sie kennen, weg, und sie stellen sich – solange keine Schmerzen zu ertragen sind – meist schnell auf die jeweiligen Gegebenheiten ein.

Hilfreich ist es für das schwerkranke Tier daher, wenn wir uns zurücknehmen, vor allem beobachtend teilnehmen und nur behutsame Kontaktangebote machen. Wichtig ist, für ein angemessenes Umfeld zu sorgen, das so weit wie möglich dem vertrauten entsprechen sollte. So können z.B. Futter- und Trinknapf näher an den bevorzugten Ruheort des Patienten gerückt werden, damit er keine unnötig weiten Wege zurücklegen muss, und Erbrochenes und Kot sollten wie selbstverständlich beseitigt werden; keinesfalls darf der Patient dafür getadelt werden – es ist ihm selbst am allerpeinlichsten!

Ein Tier, das man liebt, bis ins hohe Alter hinein bei sich haben zu dürfen, ist ein großes Geschenk. Natürlich wissen wir, wenn wir uns einen vierbeinigen oder geflügelten Gefährten ins Haus holen, dass seine Lebenserwartung deutlich geringer ist als die unsere (Ausnahmen wie Hausschildkröten, Papageien und andere Tiere, die ein Alter von 70 Jahren und mehr erreichen können, sind eben dies – die Ausnahme). Eine Klientin, die zum dritten Mal eine Katze in den Tod begleitet hatte (wobei alle ein recht stolzes Alter erreichten), sagte mir einmal, wenn sie sich wieder ein Tier anschaffen würde, dann nur einen Graupapagei – wobei in solchen Fällen dann wieder die Frage bleibt, wie für das Tier gesorgt werden soll, wenn man selbst nicht mehr dazu in der Lage ist. Mit dieser Frage, die auch viele ältere Menschen beschäftigt und manchmal davon abhält, sich wieder einen Gefährten in die Wohnung zu holen, gehen Sie übrigens am besten zu einem Notar: Es gibt durchaus Möglichkeiten der Vorsorge und Absicherung.

Und: In Tierheimen warten sehr, sehr viele auch bereits ältere Tiere darauf, ihre letzten Jahre oder auch nur Monate an einem guten Platz in Gesellschaft eines liebevollen Menschen zu verbringen.

Eine Frage der Würde – Euthanasie

Die Tatsache, dass wir ein Tier einschläfern lassen können, stellt den Besitzer eines unheilbar kranken Gefährten vor eine enorm schwierige Entscheidung. Einerseits will man sein Tier so lange wie möglich behalten, andererseits ihm unnötiges Leiden ersparen. Die Frage, wann der „richtige“ Zeitpunkt gekommen ist, kann immer nur von Fall zu Fall entschieden werden. Nicht zuletzt ist sie abhängig von Aspekten wie Alter, möglichen Linderungschancen und Leidensdruck des Patienten – wobei zu bedenken ist, dass Operationen und lebensverlängernde Maßnahmen schwere Belastungen darstellen können. Nicht selten höre ich von Klienten, dass sie sich schuldig fühlen, weil sie „zu lange gewartet" bzw. „noch zu viel probiert" haben. Nicht wenige haben das Gefühl, ein Todesurteil fällen zu müssen. Wichtig ist in erster Linie immer die noch oder nicht mehr vorhandene Lebensqualität.

Leider wird heute häufig die – an sich naheliegendste – Möglichkeit übersehen, der Natur weitgehend ihren Lauf zu lassen, d.h. *passive* Sterbe*begleitung* zu praktizieren. Oftmals ist es eher der Besitzer, der das (vermeintlich unerträgliche, s.o.) Leid nicht mehr mitansehen kann, der sich sehr schnell zu einer „erlösenden" Spritze entschließt. Sicher ist es schwer auszuhalten, einen Gefährten beim Abschiednehmen zu begleiten, doch man sollte versuchen, die Situation *aus Sicht des Patienten* zu betrachten. Natürlich ist es ein großes Privileg, leidenden Geschöpfen unerträgliche Qualen zu ersparen, aber es gibt zahlreiche finale Erkrankungen, bei denen der Patient keine Schmerzen leidet bzw. diese medikamentös genommen werden können, ohne gleich sein Leben aktiv beenden zu lassen.

Ausschlaggebende Kriterien sind meines Erachtens die bereits erwähnte **Lebensqualität** und die **Würde** des Tieres. Nur wenn diese nicht mehr gegeben sind – und zu dieser Beurteilung kann eine objektive Fremdmeinung, sei es vom Tierarzt oder einer achtsamen befreundeten Person, oft einen wertvollen Beitrag leisten –, sollte an die „erlösende Spritze" gedacht werden. In freier Natur sorgen schließlich natürliche Fressfeinde dafür, dass einem hinfälligen Tier eine derartige Erniedrigung erspart bleibt.

Falls die Entscheidung für Euthanasie gefallen ist, sollte das Einschläfern unbedingt, wenn irgend möglich, in der gewohnten Umgebung erfolgen, jeder verantwortungsbewusste und empathische Tierarzt macht dazu einen Hausbesuch. Und gewiss ist es am schönsten für den Patienten, wenn er seinen letzten Atemzug störungsfrei in Anwesenheit (soweit möglich im Arm) seines/seiner vertrauten Menschen tun darf.

Übungen

Was ist mir passiert?

Anders als die Teilnehmer der Trauergruppe, die wir am Anfang dieses Kapitels kennengelernt haben, haben Sie als Leser dieses Buches natürlich momentan keine aufmerksamen, mitfühlenden Zuhörer. Aber auch Sie können in Worte fassen, was Sie bewegt und belastet. Allein das empfinden die meisten Menschen als hilfreich und entlastend. Es ist sogar wissenschaftlich erwiesen, dass schriftlich niedergelegte Berichte über traumatisierende Erlebnisse positive Wirkung auf das subjektive Befinden haben. Deshalb möchte ich Sie bereits an dieser Stelle einladen, sich möglichst bald mit Schreibzeug an einen ruhigen Ort zurückzuziehen, vielleicht an einen, an dem Ihr verstorbener Liebling oft und gerne bei Ihnen war, und aufzuschreiben, was Ihnen wichtig ist. Nehmen Sie sich ausreichend Zeit (also bitte nicht eine Stunde, bevor Sie zu einem wichtigen Termin außer Haus müssen), richten Sie sich den Platz so her, dass Sie sich wohlfühlen, und legen Sie Taschentücher bereit, denn ich nehme an, dass auch bei Ihnen die Tränen fließen werden. Das ist gut, denn es löst ein bisschen die Spannung im Körper.

Give sorrow words;
the grief that does not speak
whispers the over-fraught heart
and bids it break.
William Shakespeare, Macbeth

Legen Sie für sich, respektive für den Verstorbenen ein hübsches **Trauer-/Erinnerungsbuch** an. Schauen Sie sich in Schreibwarenläden nach etwas Passendem um und wählen Sie in Ruhe ein wirklich schönes Heft oder

Notizbuch, das Sie ganz individuell gestalten. Vielleicht möchten Sie auf eine der ersten Seiten ein Foto Ihres Lieblings kleben?

Wir werden in diesem Buch noch mehrere Übungen machen, für die Sie dieses Trauer-/Erinnerungsbuch verwenden; diese ist der Einstieg.

Hier ein paar Fragen als Anregung:

- Was ist mir passiert?
- Was hat mich und mein geliebtes Tier verbunden?
- Wie ist meine jetzige Lebenssituation?
- Was bewegt mich momentan am meisten?
- Wovor fürchte ich mich?
- Was wünsche ich mir für den heutigen Tag?

Mein Trauerweg

Nehmen Sie sich auch für diese Übung ausreichend Zeit. Gehen Sie die einzelnen Fragen Punkt für Punkt durch und lassen Sie Ihre ganz persönlichen Bilder kommen.

Wenn Sie an Ihren Verlust denken und an die Trauer, die Sie durchleiden und durchleben, welches Bild kommt Ihnen?

Viele Menschen denken an einen Weg, den sie gehen müssen.

- Wie könnte Ihr persönliches Bild für Ihren Trauerweg aussehen?
- Verläuft er gerade oder enthält er viele Biegungen, vielleicht auch Weggabelungen?
- Wie breit ist er?
  Ist er überall gleich breit, oder gibt es engere und breitere Stellen?

- Wie ist die Bodenbeschaffenheit? Ist er geteert, gepflastert, ein Trampelpfad ...?
- Sind die Wegabschnitte alle identisch oder unterschiedlich?
- Wissen Sie schon, wohin der Weg führt?
- Was könnte ein angemessenes (Zwischen-)Ziel sein?
- Enthält der Weg auch Stufen oder eine Treppe? Wenn ja, wo auf der Wegstrecke befindet sich diese Treppe? Führt sie aufwärts oder abwärts? Wofür könnte sie stehen?
- Wenn es eine Brücke gibt, wo auf der Wegstrecke liegt sie? Wie sieht sie aus? Wie lang ist sie? Wie stabil? Welche unterschiedlichen Befindlichkeitsufer verbindet diese Brücke, so es eine gibt?
- Gibt es jemanden, der Sie zwischendurch ein Stück weit begleitet?
- Welche Wegabschnitte haben Sie bereits passiert?
- Welche Hindernisse haben Sie bereits mit Erfolg hinter sich gelassen?
- Woran werden Sie merken, dass Sie an einem Wegziel angekommen sind?

Halten Sie das gefundene Bild von Ihrem Trauerweg in Ihrem Trauer-/Erinnerungsbuch in Worten und/oder in einer Skizze, Zeichnung, einem Gemälde oder einer Collage fest.

Fragen für die Selbstreflexion / Ihr Trauer-/Erinnerungsbuch:

- Was hat mich veranlasst, zu diesem Buch zu greifen?
- Was erhoffe ich mir durch die Lektüre?
- Was brauche ich, um mich auch auf die Übungen einzulassen?
- Was war für mich schon in diesem Kapitel hilfreich?

Abschied
nehmen – oder
Abschied geben? Ich
verabschiede dich, ich lebe
Abschied

Wie es andere erlebten …

Wie ich entschied, dass er sterben musste

Will war ein kleiner Terrier, der leider nicht sehr alt geworden ist. Trotzdem konnte er mich durch die wichtigste Zeit meiner Jugend begleiten. Er war ein ganz besonders charakterstarker Hund, der von Anfang an unser Sorgenkind gewesen ist. Schon als Welpe hatte er ständig mit Haut- und Ohrenproblemen zu kämpfen. Und so hätte man es beinahe schon kommen sehen, doch trotzdem erschütterte es uns alle zutiefst, als wir davon erfuhren, dass es keine Hoffnung mehr für ihn gab.

Will sollte bald eingeschläfert werden. Den frechen kleinen Hund um sich zu haben und gleichzeitig zu wissen, dass ihm nicht mehr viel Zeit auf Erden blieb, brach uns allen fast das Herz. Natürlich war es uns dann sehr wichtig, ihm noch eine schöne letzte Zeit zu gestalten. Es gab keine Tabus mehr für ihn. Leberwurstbrote standen auf dem täglichen Speiseplan. Doch ich weiß bis heute nicht, ob es das Richtige war. Hunde sind sehr empathische Wesen, die sofort spüren, wenn es ihren Menschen nicht gut geht. So war ich mir auch immer unsicher, ob es unseren Will nicht auch verängstigte, dass wir uns mit traurigem Gefühl um ihn kümmerten. Ich habe versucht, nicht darüber nachzudenken.

Eines Abends kam der Tierarzt dann zu uns nach Hause und verkündete, dass wir keinen Tag mehr warten konnten. Die Hautgeschwüre hatten den ganzen Körper des Hundes bedeckt und er konnte kaum noch in den Garten gehen. Am selben Abend jedoch, und ich glaube das haben viele Menschen mit ihrem Hund ähnlich erlebt, sah es danach aus, als hätte Will auf einmal neue Kraft geschöpft. Begrüßte er uns doch wie ein junger Hund und hatte einen fröhlichen Gesichtsausdruck.

Du kannst deinem Hund nicht erklären, was passieren wird, und was noch viel schlimmer ist: Du kannst ihn nicht fragen, was er möchte, und musst ihm diese unheimlich schwere Entscheidung abnehmen. Solche Gedanken gehen wohl den meisten Menschen durch den Kopf, die entscheiden müssen, ein Tier einzuschläfern.

Warum tun wir es dann? Weil es noch viel egoistischer wäre, das Tier leiden zu lassen, damit es uns weiterhin Gesellschaft leisten kann? Wenn wir die ENTSCHEIDUNG treffen, ein krankes Tier einschläfern zu lassen, dann tun wir das normalerweise nur, wenn wir überzeugt davon sind, dass es die einzige Erlösung ist, die wir dem Tier noch bringen können. Aber trotzdem können wir unseren Freund nicht fragen, ob er einverstanden ist. Im Nachhinein quälte uns der Gedanke daran, dass Will am letzten Abend wieder so fit gewesen war, weil wir uns fragten, ob er nicht gut noch eine Weile hätte leben können. Hätte es uns also besser gefallen, wenn unser Will am letzten Abend voller Schmerzen in seinem Körbchen gelegen hätte?

Niemand von uns wird jemals eine eindeutige Antwort auf die Frage bekommen, ob sein Liebling damit einverstanden gewesen ist, die Todesspritze zu bekommen. Als Will damals in meinen Armen eingeschlafen ist, wollte ich es kaum wahrhaben. Zum einen, weil der geliebte Hund nun endgültig nicht mehr aufwachen würde, zum andern aber auch, weil es mir ein unheimlich schlechtes Gewissen bereitete, ihm die Entscheidung abgenommen zu haben.

In dem bekannten Film „Marley und ich“ steht das Einschläfern ebenfalls im Raum. Im Film bittet

Herrchen seinen Hund, ihn wissen zu lassen, wann es soweit ist.

Woran machen wir fest, wann es soweit ist? Niemand, der in eine Sterbeklinik geht, wartet so lange, bis es ihm schlechter nicht mehr gehen könnte. In den meisten Fällen möchte er seine letzten Tage genießen können. Er möchte sterben, bevor es ihm richtig schlecht geht. Wenn der Tod doch unvermeidbar ist, warum sollte er die Tage des Leides abwarten wollen? Damit die Angehörigen länger etwas von ihm haben? Wäre es ihm somit nicht eine Hilfe gewesen, wenn diese ihn früher hätten gehen lassen? So betrachtet, kann einen die Tatsache, dass der eigene Hund vor seinem Tod nochmals so sehr aufgeblüht ist, vielleicht auch mit Freude erfüllen.

Meine Tante berichtete von einem ähnlichen Phänomen: Als sie ihren alten Hund einschläfern ließ, wurde auch dieser vor seinem Tod auf einmal wieder fitter als all die Monate davor. Ich habe mich oft gefragt, woher dieses Phänomen kommen könnte. Zum einen könnte es möglicherweise unsere selektive Wahrnehmung sein. Wir haben uns – ohne unseren Freund fragen zu können – entschieden, sein Leben zu beenden. Natürlich fragen wir uns ständig, ob das das Richtige ist, wir fangen an, nach Signalen zu suchen, die uns weismachen, dass unsere Entscheidung falsch oder richtig ist. Wenn wir dann sehen, wie lebendig unser geliebtes Tier doch noch ist, bevor wir es dem Tierarzt für eine so wichtige Aufgabe übergeben, erscheint uns das dann manchmal wie eine Botschaft von unserem Vierbeiner.

Wahrscheinlich werden wir, wenn es sie jemals geben kann, die Entschlüsselung der Fragen nicht erleben. Die Fragen nach dem, was unser Tier denkt und fühlt. Wir alle kennen auch das Phänomen, dass unser Hund immer weiß, wann wir nach Hause kommen, egal ob dies zu regelmäßigen Zeiten passiert oder nicht. Kann es da nicht auch sein, dass Will auch gewusst hat, was mit ihm passieren würde, als der Tierarzt im Haus war und die Hälfte der Familie in Tränen ausbrach? Er wird unsere Angst gerochen haben. Die Lebendigkeit vorher könnte also geheißen haben: „Mach dir keine Sorgen, ich bin glücklich, und was immer passiert, ist okay für mich."

Laura Pfeifer, Mannheim

Meine Geschichte von und mit Caisie Ivy

Am 22.11.2011 hatte ich das Wohnzimmer mit Kerzen dekoriert und mit Musik von F. Mendelssohn einen würdevollen Rahmen gegeben. Ich habe Caisies Lieblingsdecke auf dem Sofa ausgebreitet und das alles, um Sie auf Ihrem letzten Weg zu begleiten. Mir geht es dabei gar nicht gut, aber muss mich zusammenreißen, ich will nicht weinen, jetzt noch nicht, Caisie soll es nicht hören.

Es läutet an der Tür, der Tierarzt mit der Assistentin. Sie betraten das Wohnzimmer, und Caisie hatte ich auf dem Arm. Mir schlug das Herz bis zum Hals, ich wusste, was jetzt passieren würde, und mir gingen viele Gedanken durch den Kopf, soll ich jetzt alles stoppen? Aber ich wusste auch, was das bedeuten würde, nämlich dass Caisie länger leiden müsste und das wegen mir.

Nein!

Es passiert, was passieren muss. Der Arzt setzte Caisie die erlösende Spritze, und Sie wurde daraufhin sofort bewusstlos.

Ich legte Caisie auf Ihre Lieblingsdecke.

Der Arzt, seine Assistentin und mein Mann verließen den Raum. Ich streichelte Caisie, bis Sie tot war, dann erst weinte ich, meine Tränen rannen über die Wangen, dabei habe ich Caisie mit Ihrer Babybürste schön gemacht. Ich legte Ihr Lieblingsspielzeug zwischen die Pfötchen und hüllte Sie in Ihre Decke ein, welche ich mit einer Schleife einband. Ich gab meiner Geliebten Caisie noch ein Küsschen auf die Stirne und danach deckte ich auch Ihr süßes Gesicht zu. Ich bat den Arzt, Caisie mitzunehmen und Sie einzeln kremieren zu lassen. Als ich allein war, weinte ich mein ganzes Leid heraus, und es tat gut, weil ich mein Herz wieder spürte.

Warum musste Caisie sterben? Sie hatte Lungenkrebs. Sie war wirklich etwas ganz Besonderes im wahrsten Sinne des Wortes. Der Tierarzt sagte zu uns: „Eure Caisie ist ein Einstein-Kaninchen, ein solches kommt nur einmal alle hundert Jahre auf die Welt." Sie war ein ganz intelligentes Wesen, und Sie war lernwillig. Sie gab Pfötchen, Küsschen, und Sie machte den „Adventssänger": Sie richtete sich auf und bewegte den Mund als wenn Sie singen würde.

Caisie spürte es, wenn es mir nicht gut ging. Sie war immer in meiner Nähe, ob ich auf die Toilette musste oder duschte, egal was, Sie legte sich immer so, dass Sie mich sehen konnte.

Heute ist Caisie immer noch da, Sie ist meine Seelenvertraute, „mi Seeletröschterli". Ich zünde jeden Morgen nach dem Aufstehen eine kleine Kerze an, seit Caisie verstorben ist. Ich weiß, Sie war und ist noch immer ein Geschenk des Himmels. Nach dem Tod von Caisie wurde ich sehr krank, ich hatte einen körperlichen und seelischen Zusammenbruch. Aber nur weil ich Sie noch spüren durfte, konnte ich diese Krise überstehen. Ich habe jeden Tag mit Ihr gesprochen, und es tat mir gut, weil ich auch kleine Zeichen von Ihr bekam, dass Sie mich hörte.

Ich habe einen kleinen Altar eingerichtet, mit einem Engel und einem Foto von Caisie. In einer schönen Engelbox habe ich Ihre Asche zur Ruhe gebettet.

Wenn ich eines fernen Tages gestorben bin, dann soll Caisie mit mir im Himmel bestattet werden. Dann soll unsere Asche mit einem Ballon in der Stratosphäre in 30.000 Metern über der Erde zerstreut werden.

Ich habe Caisie gebeten, wenn Sie im Himmel ist und ein Kaninchen sieht, das zu mir passt, dass Sie dann an mich denkt, und Sie hat! Jetzt, seit zwei Jahren, wohnt und lebt Cismo-Angelo bei uns, und ich danke jeden Tag Caisie und dem Himmel dafür.

Ruth Schaub, Basel

Bayou

22. Juli 2014, 15:00 Uhr. Komm, Bayou, wir gehen spazieren. Seltsam: Er springt nicht gleich begeistert zur Tür, Gassi gehen ist für ihn sonst immer der Höhepunkt des Tages. Das ist in acht Jahren noch nie passiert, ich muss ihn mehrmals locken. Es nieselt leicht, wir fahren lieber nicht mit dem Rad, sondern machen uns Richtung Berg auf den Weg und nehmen eine unserer Lieblingsstrecken. Die Wiesen sind noch nicht gemäht, mein Hund und ich genießen die herrliche Landschaft in unseren Tiroler Bergen. An Himbeerstauden machen wir Halt, eine Beere für mich, eine für Bayou. Das liebt er. Der Boden ist feucht. Zum x-ten Mal werfe ich den Tennisball, Bayou ist voller Anspannung, apportieren liegt ihm als Labrador im Blut. Der Ball prallt vom Grasweg ab, Bayou setzt zum Sprung an, stößt einen kurzen Schrei aus und sackt wie ein Sack Zement zu Boden. Der Hinterkörper scheint nicht mehr zu ihm zu gehören, es sieht aus wie … wie gelähmt! Das alles passiert in Sekundenschnelle. Ich bin geschockt, Bayou ebenso. Er versucht, sich auf seinen Vorderbeinen aufzurichten, sackt hilflos zusammen und überschlägt sich ein paar Mal den Hang hinunter. Wieder rappelt er sich auf seine Vorderbeine, erneut kullert er hilflos bergab, bis er zum Stillstand kommt. Seinen fassungslosen Blick werde ich nie vergessen. Mein wunderschöner Hund, der mit seinen acht Jahren so fit und durchtrainiert ist, soll plötzlich keine Kontrolle über seinen Körper mehr haben? Hatte er eine Vorahnung?

Ich habe kein Handy bei mir. Ich laufe zum nächsten Bauernhof, zum Glück sitzen die Bauersleute beim Kaffee in der Stube, der Bauer wird mir helfen. Mit einem Strick vorne und meiner Unterstützung hinten ziehen wir Bayou nach oben zum Auto. Der Bauer fährt uns den weiten Weg nach Hause, ich informiere die Tierärztin – Gott sei Dank hebt jemand in der Praxis ab! – dort angekommen heißt es, man sei hier für solche Fälle nicht eingerichtet, sofort nach Bayern in die Tierklinik. Wir seien bereits angekündigt.

Natürlich gibt es Stau, und natürlich verfahre ich mich trotz Navi zweimal, bis wir um 18 Uhr die Klinik erreichen. Dort geht alles sehr rasch, man erwartet uns schon, Bayou wird auf eine Bahre verfrachtet und zum Neurologen gebracht. Als ich meinem Hund aus dem Auto helfe, kann ich nicht mehr, und alle Schleusen öffnen sich. In einer Stunde soll ich wiederkommen, bis dann habe man Untersuchungsergebnisse.

Ich nehme einen Wiesenweg und sehe fast nichts vor den Augen. Wieso passiert mir das? Es ist wie in einem Film. Ich rufe meinen Partner an, meine Söhne und Freunde, Bayous Hundetrainer, nur um darüber zu reden. Ich bin außer mir. Warum? Als ich zu einem Bach komme, schrecke ich ein größeres Tier auf, es springt mit einem dumpfen Satz ins Wasser und verschwindet, nur eine sandige Wasseroberfläche bleibt zurück. Daneben ein Biberdamm. Ist das ein Zeichen, dass Bayou wieder ins Wasser springen wird? Oder dass das heute sein letzter Sprung war? Ich werde fast verrückt.

Zurück in der Klinik höre ich als Erstes, dass der Arzt eine Infusion anordnet. Ich bin unendlich erleichtert, keine Rede von Einschläfern! Die Diagnose ist ein massiver Rückenmarksinfarkt an der ungünstigsten Stelle, direkt vor der Schaltzentrale zum Hinterkörper. Ich fahre ohne meinen Hund nach Hause, trotzdem erleichtert, dass er lebt, dass man alles versuchen wird, die kleine Chance zu nützen. Noch lebt er! Die entscheidenden Zeitfenster sind fünf bzw. zehn Tage. Ich soll Bayou nicht besuchen, damit er nicht jedes Mal in ein tiefes Loch fällt, wenn ich ihn wieder verlasse. Das fällt mir unendlich schwer. Ich hätte mir auch ein Zimmer in der Nähe genommen oder im Schlafsack bei ihm übernachtet. Ich hätte alles getan. Meinen besten Freund in seiner größten Not an einem fremden Ort bei unbekannten Menschen zurücklassen zu müssen, tut so unsagbar weh. Ich telefoniere täglich, sein Zustand verschlechtert sich durch die starken Medikamente, die eigentlich sein Leben retten sollen, durch Nebenwirkungen unerwartet stark, sodass ich nach neun Tagen beschließe, ich muss jetzt zu meinem Hund und ihn mit eigenen Augen sehen.

Ich komme zu seiner Box und erkenne Bayou fast nicht mehr. Er ist extrem abgemagert, das vormals prachtvolle Fell stumpf und stellenweise geschoren, die Hinterbeine unverändert – gelähmt – und Bayou fast apathisch. Ich kauere mich zu ihm, sehe, dass es ihm nicht gut geht. Ich spreche mit ihm, erkläre ihm alles und dass ich ihn – sofort – erlösen möchte. Ich fühle, dass er es versteht.

Er will leben, aber er kann nicht mehr. Dieser besonnene, oft freche und übermütige, selbstbewusste und prachtvolle Hund, der so hart im Nehmen war, er kann nicht mehr. Er schläft in meinen Armen ein.

Mir zerreißt es fast das Herz und ich weiß nicht, wie ich darüber hinwegkommen soll. Auch Wochen später vermisse ich ihn, meinen treuesten Freund und Begleiter in einer turbulenten Zeit meines Lebens, so sehr und ich wünschte, ich könnte das Rad der Zeit zurückdrehen bis zum 22. Juli 2014 … Komm, Bayou, wir gehen spazieren. Was, du hast heute keine Lust? Na gut, dann eben später.

Anita P., Kitzbühel

Alles scheint ver-rückt.

Zweites Treffen der Trauergruppe

Als ich den Gruppenraum betrete, sind die meisten Teilnehmer bereits lebhaft miteinander im Gespräch. Das ist nicht selbstverständlich und freut mich, denn wir treffen uns heute ja erst zum zweiten Mal.

Bevor wir ins Gespräch einsteigen, lade ich die Gruppe zu einer kurzen Reise ins Land der Spannung und Entspannung ein. Nach einem schweren Verlust hat man oft das Gefühl, in einem Meer von Trauer zu versinken, gar keinen Boden mehr unter den Füßen zu haben. Diese Übung kann helfen, ein wenig Erdung zu finden. Ich verwende dazu eine abgewandelte Kurzform der Methode der Progressiven Muskelrelaxation (PMR) nach Edmund Jacobson:

Setzen Sie sich so bequem wie möglich auf Ihren Stuhl. Öffnen Sie enge Gürtel oder Knöpfe. Wenn Sie möchten, können Sie die Augen schließen, oder Sie richten die Augen unfokussiert auf einen Ort hier im Raum. Sitzen Sie möglichst entspannt. Auch die Beine sind locker. Fühlen Sie den Boden unter Ihren Fußsohlen. Spüren Sie nach: Wo berührt mein Körper die Sitzfläche des Stuhls, wo berührt er die Lehne? Wie fühlt sich das an? Achten Sie auch darauf, dass Sie für Ihren Kopf eine angenehme Lage finden, dass die Schultern möglichst locker herabhängen und Hände sowie Unterarme entspannt auf der Lehne oder im Schoß liegen.
Spüren Sie Ihren Atem und lassen Sie ihn fließen. Beim Anspannen der Muskeln sollten Sie ganz normal weiter-

atmen. Beim Lösen der Anspannung atmen Sie tief aus. Beachten Sie Ihre Atmung ansonsten nicht weiter. Sie werden während der Übung ganz alleine zu einer ruhigen und entspannten Atmung gelangen.

Wenn Sie nachher die einzelnen Muskelgruppen anspannen, spüren Sie, wie die Muskeln hart werden und sich zusammenziehen. Achten Sie während des Anspannens immer genau auf diese Empfindungen. Wenn Sie dann die Muskelgruppe entspannen, d.h. alle Spannung gleichzeitig herauslassen, verschwinden diese Empfindungen, und angenehme Entspannungsgefühle treten an ihre Stelle. Diese können von Mensch zu Mensch ganz unterschiedlich sein. Manche Menschen spüren Wärme in ihren Muskeln fließen oder ein angenehmes Kribbeln, andere empfinden Schwere und wieder andere ein Gefühl der Schwerelosigkeit. Was immer Sie spüren, ist in Ordnung. Wichtig ist nur, dass Sie während des Entspannens ganz aufmerksam auf diese Empfindungen achten.

Wenn Sie mit bestimmten Körperregionen wie z.B. der Wirbelsäule Probleme haben, lassen Sie die entsprechende Übung bitte aus.
Nun der Reihe nach jeweils drei bis fünf Sekunden ganz fest anspannen und dann ebenso lange bewusst entspannen:

Wir fangen an mit dem rechten Bein: Die Ferse fest auf den Boden drücken und die Zehenspitzen aufrichten oder einkrallen. Anspannen – und entspannen.
Dann den rechten Unterschenkel, Oberschenkel und die Gesäßmuskeln rechts: Anspannen – und entspannen.
Dann ballen wir die rechte Hand zu einer Faust, winkeln den Ellenbogen an und spannen Unterarm und Oberam an – und wieder entspannen.

Dann gleich noch einmal den rechten Arm anspannen, diesmal plus Schulter – und entspannen.

Spüren Sie den Unterschied rechts und links.

Damit wir wieder gerade werden, machen wir jetzt alles auf der linken Seite:

Also beim linken Bein: Die Ferse fest auf den Boden drücken und die Zehenspitzen aufrichten oder einkrallen. Anspannen – und entspannen.
Dann den linken Unterschenkel, Oberschenkel und die Gesäßmuskeln links: Anspannen – und entspannen.
Dann ballen wir die linke Hand zu einer Faust, winkeln den Ellenbogen an und spannen Unterarm und Oberam an – und wieder entspannen.
Dann gleich noch einmal den linken Arm anspannen, diesmal plus Schulter – und entspannen.

Jetzt widmen wir uns dem Rumpf: Wir drücken die Schultern nach hinten unten zusammen, gehen leicht ins Hohlkreuz und machen die Bauchdecke hart. Anspannen – und entspannen.

Und nun noch der Kopf: Wir ziehen die Augenbrauen zusammen, rümpfen die Nase und pressen Zähne und Lippen zusammen. Dabei ziehen wir den Kopf leicht ein und drücken ihn vorsichtig nach hinten. Anspannen – und wieder entspannen.

Wenn Sie jetzt alle wesentlichen Muskelgruppen entspannt haben, dann versuchen Sie, den angenehmen Entspannungszustand noch einige Minuten zu erhalten und zu genießen. Lassen Sie sich Zeit dabei. Ballen Sie dann Ihre Hände zu Fäusten, strecken und räkeln Sie sich.

Atmen Sie zum Abschluss ein paar Mal kräftig durch, schütteln die letzten Verspannungen ab. Öffnen Sie dann die Augen und kommen langsam wieder hier im Raum an.

Nach der Übung wirken die Teilnehmer durchweg etwas entspannter. Die meisten konnten sich darauf einlassen und wollen diese Übung auch mitnehmen für Zeiten, in denen sie das Gefühl haben, Erdung zu brauchen.

Bei der Befindlichkeitsrunde, die fester Bestandteil jeder Gruppensitzung ist und in der wir uns darüber austauschen, was sich seit dem letzten Treffen verändert hat, stellt sich heraus, dass tatsächlich alle die Aufgabe vom letzten Mal gemacht und Worte der Trauer und Erinnerung zu Papier gebracht haben. Erlebt wurde die Übung als einerseits tränenreich, gleichzeitig jedoch auch als entlastend.

Albert erzählt, dass er seinen Nico jetzt genauer beobachtet und das Gefühl hat, der alte Hund habe trotz seiner Krankheit noch Lebensqualität, und solange das so ist, sieht er auch keinen Anlass, etwas zu verändern. Mehrere Teilnehmer berichten, dass beim Schreiben sehr starke Gefühle hochgekommen seien, auch und besonders der Verstörung. „Nachher war es wirklich besser, aber während des Schreibens war ich zeitweise wieder ganz drin in meiner Verzweiflung, in dem Gefühl, das darf doch nicht wahr sein“, meint Magdalena, sichtlich berührt.

Diese Aussage ruft bei Lisa, die vorher fast etwas abwesend gewirkt hatte, starke sichtbare Emotionen hervor. Ihr Berner Sennenhund Maxi hatte mit acht Jahren eine rasant fortschreitende Lähmung des gesamten Hinterleibs entwickelt und musste eingeschläfert werden. Seit seinem Tod ist sie völlig verstört. Sie bezeichnet sich selbst als nicht mehr arbeitsfähig, hat

Angst, ein Sozialfall zu werden. „Ich fange manchmal schon mittags an zu trinken, kann meinen Job kaum mehr machen und kriege keinen geregelten Tagesablauf mehr hin. Ich kann nicht mehr schlafen, in nichts, gar nichts, sehe ich mehr einen Sinn. Am liebsten würde ich mich umbringen, ich weiß gar nicht, was mich eigentlich noch am Leben hält. Manchmal glaube ich, ich werde verrückt!".

„Das Gefühl kenne ich", wirft Fabian ein, ohne auf Lisa, deren Worte doch zugleich den Raum für die Benennung der Emotionen geöffnet haben, einzugehen. Ein Blick auf die Teilnehmerin zeigt mir indes, dass sie sich nach dem emotionalen Ausbruch wieder gefangen zu haben scheint. Dass solche spontanen Gefühlsausbrüche ebenso rasch verpuffen, wie sie gekommen sind, ist nicht selten. Sie sind ein Ventil, ein Stück weit Katharsis. Fabian fährt fort: „Ständig sehe und höre ich meinen Iwan immer noch schreiend durch die Wohnung rennen, würgend vor Brechreiz, und dann tot zusammenbrechen. Ich glaub, ich spinne, er ist doch begraben, und trotzdem verfolgt mich dieser Film!" Auch nachts schrecke er oft hoch, schweißgebadet. Sein neunjähriger Perserkater hatte ein paar Tage nichts gefressen, ab und zu gespuckt, ansonsten viel rumgelegen. Er war mit ihm beim Tierarzt gewesen, die Blutuntersuchung ergab nichts Auffälliges. Am letzten Tag habe Iwan um sechs Uhr früh noch ganz friedlich dagelegen, dann sei er plötzlich aufgestanden und habe angefangen, zu würgen. „Das war ein Alptraum, die schlimmste Stunde meines Lebens. Er rannte ziellos durch die Wohnung, schrie ganz laut und furchtbar und würgte unentwegt. Ich immer hinterher, wollte ihn in den Arm nehmen, aber er schrie nur immer lauter und rannte immer schneller. War gar nicht mehr er selber. Ich rief den Tierarzt unter seiner

Privatnummer an; der sagte, er werde schnellstmöglich kommen, ich solle Ruhe bewahren. Ruhe bewahren!???! Dann sackte Iwan zusammen. Ich lief zu ihm, hob ihn hoch, drückte ihn an mich. Sein Körper war ganz schlaff. Er war tot. Tot! Ich konnte nur noch schreien! Ein Alptraum!!!" Fabian ringt nach Luft. „Seitdem habe ich keine ruhige Minute mehr. Die grausigen Schreie verfolgen mich. Ich sehe ihn rennen, würgen, höre ihn verzweifelt schreien... Dann denke ich, das ist der reinste Alptraum, das kann doch nur ein Alptraum sein, wann wache ich endlich auf? Ich bin 27, habe einen interessanten Beruf, nette Freunde ... und all das zählt nicht mehr, ich stehe total unter Schock. Hört das irgendwann wieder auf?"

„Das frage ich mich auch", schließt Gerlinde an. Sie klingt resigniert. „Ich glaube inzwischen nicht mehr dran. Mein Fritzi [Kanarienvogel] hatte einen Tumor, ich habe lange nach einem Spezialisten gesucht, der ihn operiert, und dann ist er danach doch in meiner Hand gestorben. Das ist jetzt zwei Monate her. Ich bin total verzweifelt. Kann ja auch mit niemandem drüber sprechen. Am Anfang haben alle gesagt, in ein paar Tagen ist alles wieder gut. So ein Blödsinn. Nichts ist gut. Nichts wird jemals wieder gut!!! Ich habe zu nichts mehr Lust, funktioniere nur noch. Bis auf die Zeit, wo ich in der Arbeit war, waren wir immer zusammen. Und jetzt ist er weg, tot, und ich gehe immer noch jeden Früh dorthin, wo sein Käfig stand – den hat eine Freundin auf den Speicher gebracht –, und stehe vor dem leeren Fleck und möchte am liebsten mit dem Kopf gegen die Wand schlagen, bis es blutet, damit ich den inneren Schmerz nicht mehr so spüre. Meine Freundin sagt, das ist krank, ich bin nicht normal ... Mein Leben ist ein Scherbenhaufen, und alle sagen, ich bin verrückt ... Bin ich verrückt?"

Unter Schock

Jeder Mensch, der einen akuten Verlust erlitten hat, steht gewissermaßen unter Schock. Selbst wenn das Ende absehbar war und wir wirklich alles Erdenkliche getan haben, um das geliebte Lebewesen zu retten bzw. ihm das Gehen zu erleichtern, ist mit einem Mal alles anders.

Eine sehr treffende Beschreibung dessen, wie man sich in dieser akuten Verlustphase fühlt, habe ich in Jochen Jülichers Buch *Ich lerne wieder neu zu leben* gefunden und möchte sie hier (und an anderen Stellen) an unser Thema angepasst wiedergeben.

Menschen, die gerade einen schweren Verlust erlitten haben, sind förmlich vom Blitz getroffen. Alles im Leben, inklusive man selbst, scheint plötzlich ver-rückt. Ein Alptraum ist Realität geworden. Oft stellt sich die Frage: Warum gerade ich? Was hat das für einen Sinn?

Man versteht die Welt nicht mehr, nichts ist mehr so, wie man es kennt, das ganze Leben ist aus den Fugen geraten, Sicherheit war eine Illusion. Alles, was normal und wichtig war, ist untergegangen, und man möchte in den geweinten und ungeweinten Tränen von Kummer und Schmerz über den erlittenen Verlust, über die ungenutzten Chancen, über die verlorenen Träume ertrinken. Man fühlt sich völlig ausgeliefert – und das schlimmste: Niemand versteht einen! Ist der Verstorbene ein Tier, darf man noch nicht einmal drüber sprechen, will man nicht für völlig plemplem gehalten werden.

Im Grunde ist Klagen und Weinen das einzige, was noch geht. Vielleicht „funktioniert" man nach außen noch, doch man hat nichts mehr zu verlieren, denn verloren hat man schon. In dieser Phase gibt es keine Hilfe. Was geschehen ist, ist im Grunde nicht auszuhalten, und doch gibt es keine Alternative. Oft wundert man sich, wieviel man immer noch aushalten kann, auch wenn man es gar nicht will.

Alles ist anders, es gibt keine Perspektive: Nach einem schweren Verlust ist man voll und ganz auf das Hier und Jetzt beschränkt. Die innere Orientierung ist zusammengebrochen. Es gilt auszuhalten, dass das Leben keinen Sinn mehr hat. Es gilt, Stunde um Stunde, Tag für Tag zu leben und zu überleben. Immer nur an den nächsten kleinen Schritt zu denken, und dann an den nächsten. Das ist die einzige Möglichkeit.

Man kennt sich selber nicht mehr. Es ist ein Abschied von der Zukunft, Trauer um ein „ungelebtes Leben“, um das, was hätte sein können. Viele Menschen wollen in diesem Stadium gar nicht mehr leben, spüren aber, dass das Leben in ihnen doch irgendwie stärker ist als das Verlangen nach dem Tod.

Hilfreich kann in diesem Stadium sein zu überlegen, welche Gründe es noch gibt, weiterzuleben, und darüber nachzudenken, wie man sich vom Vergangenen bewusst verabschieden kann. „Ich verabschiede mich von der bisherigen Unversehrtheit meines Lebens, von dem Halt und dem Gefühl, eine Heimat zu haben.“

Was war mir wichtig? Was ist mir jetzt noch wichtig? Welcher Aspekt schmerzt am meisten?

Auf die völlige Verzweiflung folgt gewöhnlich eine bodenlose Leere. Wieder und immer noch gilt es, Schritt für Schritt zu machen. Und sich dabei im Klaren zu sein, dass die Zeit selber gar nichts heilt. Man erlebt sich als gescheitert, zweifelt an jedem Selbstwert. Alles ist aus den Fugen und muss sich wieder fügen. Man steht vor einem riesigen Trümmerhaufen, und das Alte lässt sich nicht rekonstruieren. Es gilt, aus den Trümmern etwas Neues zu bauen, doch dazu fehlt oft noch der Mut und v.a. die Perspektive.

Irgendwann geht es zwar nicht mehr ums blanke Überleben, doch die diffuse Angst ist geblieben. Es gibt kein Vertrauen mehr, weder in andere Menschen, noch in die Zukunft, noch in sich selbst. Man fühlt sich heimatlos, entwurzelt, weiß nicht mehr, wo man hingehört.

Gleichzeitig muss man akzeptieren, dass es kein Zurück gibt. Alles muss neu aufgebaut werden, muss gleichsam von Null an seinen Platz finden. Man muss lernen, sein Leben neu einzurichten, muss entdecken, was gut tut und was nicht, wozu man stehen kann und wozu nicht. Man muss regelrecht neu leben lernen. Was will ich wirklich mit meinem Leben, wo soll ich hin, wofür lohnt es sich zu leben? Es ist wie eine zweite Geburt. „Ich habe alles verloren. Jetzt bin ich frei, das zu tun, was zu mir gehört." Oft dauert es Jahre, bis man wieder das Gefühl hat, wieder bei sich selbst zu sein, zugleich anders und neu, aber auch wieder „der Alte".

Ein Bild für die eigene Trauer

Die Trauer geht nie ganz vorüber, doch man lernt, damit zu leben. Das Leben nach dem Verlust wird nie mehr so einfach und leicht wie früher. Es gibt Narben. Aber es hat auch etwas Neues angefangen, eine neue Lebensphase, die viele alte Elemente enthält, die freilich neu bewertet werden. Das neue Leben ist zu einem großen Teil aus alten Bausteinen gebaut, die natürlich einen ganz anderen Platz bekommen haben.

Trümmerbild/Ruinenlandschaft

Wenn es darum geht, ein Bild für die eigene Befindlichkeit zu finden, entscheiden sich viele Menschen im akuten Trauererleben für ein Trümmerbild, etwa eine zerbombte Stadt – Symbol dafür, dass das eigene Leben in Schutt und Asche liegt, dass nichts mehr stimmt, dass kein Stein mehr auf dem anderen liegt.

Am Anfang, wenn wir das Bild sehen, können wir nicht absehen, wie lange es dauern wird, bis daraus wieder etwas entsteht – vielleicht können wir uns nicht einmal vorstellen, dass daraus überhaupt jemals wieder etwas entstehen wird. Und falls sich daraus etwas machen ließe, was könnte das sein? Was ist überhaupt machbar? Was ist unwiederbringlich verloren?

Wir wollen auch zunächst gar nicht weg aus den Ruinen, sondern da bleiben, wo wir verankert waren, wo wir zu Hause waren. Doch gleichzeitig wissen wir: Nichts ist so wiederherstellbar, wie es vorher war. Wir können auch nicht gleich mit dem Wiederaufbau beginnen, sondern müssen zuerst einmal Platz schaffen. Gleichzeitig wollen wir möglichst viel behalten und müssen überlegen: Was wollen wir beibehalten, was können wir retten, welche Mauer lässt sich stabilisieren?

Was und wo könnten wir weitermachen?

Viele Dinge, die uns wirklich wichtig sind, lassen sich nicht ersetzen.

Die Dresdener Frauenkirche etwa blieb rund 50 Jahre lang einfach unangetastet stehen, die Einwohner der Stadt sahen tagtäglich ihren Verlust. Dann, 1989, kam die Überlegung: Was machen wir jetzt? Etwas Neues? Nein. Zunächst wurde der Platz freigeräumt, alles, was noch eine erahnbare Funktion und Form hatte, wurde konserviert. Danach verband man neue Steine mit den alten.

Es gilt also zu unterscheiden, was rettbar ist, aber auch zu sehen, was unwiederbringlich ist. Es gilt, einen Ort zu finden, wo wir unsere Erinnerungen pflegen können. Manches müssen wir ganz aus unserem Leben räumen, manches lässt sich rekonstruieren, und den Rest müssen wir neu erschaffen. Wichtig ist, so schmerzhaft es auch sein mag, sich bewusst zu machen: Es gibt kein Zurück.

Freunde und Bekannte hoffen oft, dass wir wieder ganz die Alten werden. Das ist aber nicht möglich. Oft gibt es nach dem Verlust neue Prioritäten, manchmal passt das dann nicht mehr zusammen – Geduld und guter Wille reichen nicht immer aus. Dann zerbrechen auch Freundschaften mit früheren engen Bezugspersonen. Stattdessen ergeben sich freilich auch neue Beziehungen und Freundschaften. Vielleicht mit Menschen, die Ähnliches durchgemacht haben oder durchleben. Nur wir ganz allein können unser Lebensgebäude wieder aufbauen. Niemand kann es uns abnehmen, Unterstützung dabei nehmen wir freilich gerne an.

Richten Sie sich darauf ein, dass der Wiederaufbau eine ganze Weile dauern kann.

Labyrinth

Die Aufbautätigkeit kann man auch mit einem Labyrinth vergleichen. Viele Menschen verbinden mit einem Labyrinth das Bild vieler Irrwege und Sackgassen. Das klassische Labyrinth hat jedoch nur *einen* Weg, der freilich sehr, sehr lang und verwunden sein kann. Er führt uns nur *innerlich* in die Irre, in der Realität kommen wir mit jedem Schritt, auch wenn er räumlich und scheinbar vom Zielpunkt wegführt, diesem doch immer näher. Häufig werden wir das Gefühl haben, niemals anzukommen, wir müssen wohl einmal die ganze Welt umrunden, um zu unserer Mitte zu kommen. Wir fangen an zu zweifeln. Unser Gehirn ist so viel schneller als unsere Schritte.

Im Labyrinth werden wir von unserer eigenen Ungeduld eingeholt.

Die Wege in der Trauer sind viel weiter, als wir denken können. Die meisten Trauernden meinen: „Ich schaffe das schon, nach einem Jahr, dem Trauerjahr, ist alles vorbei“. Das kommt vor. Doch manchmal merkt man dann im zweiten Jahr, dass es noch lange nicht wieder wird, und denkt dann: „Ich schaffe es doch nicht. Ich werde es nie schaffen.“ Dieses zweite Jahr ist kräftemäßig fast noch anstrengender, weil wir die Zuversicht und den Mut verlieren. Daher wird das zweite Jahr oft als noch schlimmer empfunden als das erste. Erst im dritten, manchmal erst im vierten, fünften, ... Jahr lernt man meist wieder, sich selbst zu vertrauen, und gewinnt wieder Zutrauen.

Jedes Labyrinth hat eine Mitte, doch genau genommen ist nicht diese Mitte das Ziel, sondern der Weg dorthin. Wenn wir ankommen, tun wir dies, weil wir den Weg, der zeitweise endlos, widersinnig und abstrus schien, gegangen sind.

Das „Verrücktsein“ ist normal

Trauer erfasst den Menschen als Ganzes, wir trauern seelisch, geistig und körperlich, und in all diesen Bereichen kann es während der Trauer zu Veränderungen kommen, die Außenstehende und z.T. auch der Trauernde selbst für „ver-rückt“ halten. Ver-rückt, weil aus dem Lot, aus dem Gleichgewicht gerückt.

Viele Trauernde beschleicht daher in der Zeit direkt nach dem Verlust das Gefühl, verrückt zu sein oder zu werden. Gerade beim Tod eines Tieres bekommen viele auch von ihrer Umwelt diesen Stempel aufgedrückt: Das ist ja nicht normal, das ist „ungesund“ ...

Dabei ist gerade dieses Ver-rückt-Sein in der Trauer für eine gewisse Zeit etwas völlig Normales! Schließlich wurde die gesamte Welt des Hinterbliebenen durch den Verlust ver-rückt, und es braucht Zeit, sich selber wieder an einen neuen Ort zu rücken. Der alles zerreißende Schmerz und auch die dumpfe Leere sind Stationen auf dem Weg durch die Trauer. Und: Ver-rücktheiten helfen, sich vor dem größten Schmerz zu schützen.

Die „klassischen" Phasen der Trauer:

- Verzweiflung
- Wut
- Verhandeln
- Depression
- Akzeptanz

Gewiss haben Sie schon von den so genannten Trauermodellen gehört, von denen es eine ganze Reihe gibt (Phasenmodelle von Kübler-Ross, Kast, Spiegel; Duales Prozessmodell von Stroebe & Shut; Aufgabenmodell von Worden; Spiralmodelle von Schibilski, Smeding; Bindungstheoretische Modelle von Bowlby, Pisarski; Systemische Modelle von Goldbrunner, Rechenberg-Winter & Fischinger). Das bekannteste Phasenmodell, von Verena Kast, möchte ich Ihnen im Anschluss kurz vorstellen. Der Sinn solcher theoretischen Modelle liegt darin, dass wir die **Normalität des Ver-rücktseins** erkennen, was eben dadurch schon Erleichterung bringen kann.
Die Unterteilung in so genannte Phasen bzw. Aufgaben soll nicht dazu dienen, uns einzugrenzen, und darf auch keinesfalls dazu verführen, zu glauben wir könnten diese einfach der Reihe nach abarbeiten, und dann sei alles gut. Trauer kommt in Wellen. Für alle Modelle gilt, dass sie – auch wenn sie „Phasen" im Namen haben – niemals linear verlaufen, sondern immer sozusagen zirkulär. Wir durchlaufen die einzelnen Abschnitte mehrfach, in unterschiedlichen Ausprägungen und unterschiedli-

cher Intensität (die freilich auch nicht linear abnimmt). Sie können sich das so vorstellen, wie wenn man einen Berg besteigt, indem man ihn, immer aufwärts gehend, umrundet. Man kommt immer wieder an fast dieselbe Stelle mit vermeintlich demselben Blick, fast denselben Gefühlen – aber eben nur fast, denn man hat sich ja durchaus ein Stück aufwärts bewegt. Insofern ist auch der Ausdruck „Rückfall", den viele Menschen verwenden, nicht angemessen. Sprechen wir lieber von „Ehrenrunden". Vielleicht bewirkt ja allein schon dieses Bild eine leise Veränderung in Ihrem Leid-Erleben.

Das Trauerphasenmodell nach Verena Kast

Eines der frühesten und das wohl am häufigsten zitierte Trauerphasenmodell stammt von der Schweizer Psychotherapeutin und Lehranalytikerin **Verena Kast**, die darin vier Trauerphasen und dazugehörige Traueraufgaben benannt hat:

1. Trauerphase: Nicht-wahrhaben-Wollen
Direkt im Anschluss an den Tod oder die Nachricht vom Tod eines geliebten Lebewesens stehen die meisten Menschen zuerst einmal gleichsam unter Schock. An körperlichen Reaktionen zeigen sich häufig Herzrasen, erhöhter Puls, Schweißausbrüche, Übelkeit, Erbrechen, motorische Unruhe oder auch bewegungslose Starre, eine Art Lähmung. Bei überraschenden, plötzlichen Verlusten überwiegt zudem das Nicht-wahrhaben-Wollen, das Nicht-wahrhaben-Können: „Das darf nicht wahr sein, das ist nur ein böser Traum!"

Empfindungslosigkeit dient als Schutz vor Überwältigung.

Selbst wenn der Tod absehbar war, vielleicht sogar durch eine Spritze herbeigeführt wurde, fühlen wir uns wie betäubt. Die Endgültigkeit kann kaum wahrgenommen werden, es herrscht ein Gefühl von Unwirklichkeit, Hohlheit und Leere.

Dieser Zustand hält erfahrungsgemäß mehrere Stunden bis zu etwa einer Woche an.

Traueraufgaben in Phase 1:

- Das Nicht-wahrhaben-Wollen überwinden
- Den Verlust als real akzeptieren

2. Trauerphase: Aufbrechende Emotionen

Auf diese erste Phase der weitgehenden Empfindungslosigkeit folgt die Phase der aufbrechenden Emotionen. Häufig bedeutet dies ein wildes Durcheinander von Leid und Schmerz, Wut, Zorn, Angst- und Schuldgefühlen. Typischerweise herrscht selten ein bestimmtes Gefühl längere Zeit allein vor, vielmehr beobachten wir ein breites Spektrum von Emotionen, sehr oft auch Gefühlsmischungen. Je nach Persönlichkeit gewinnen bestimmte Züge extrem an Intensität: Eher ängstliche Naturen werden oft von massiven Ängsten heimgesucht, eher reizbare Gemüter vielleicht von Wutausbrüchen überwältigt. Der Zorn kann sich dabei gegen den Verstorbenen richten „Wie konntest du mir das antun!", aber auch gegen Beteiligte „Wie konntest du ihn nur von der Leine lassen?!" und gegen sich selbst „Warum habe ich nicht ...?". Gerade Schuldgefühle kommen fast immer vor – Selbstvorwürfe, nicht wirklich alles für den Verstorbenen getan zu haben, ihm etwas „schuldig geblieben" zu sein.

Auf körperlicher Ebene überwiegen in diesem Stadium Ruhelosigkeit (häufig verbunden mit Schlafstörungen), Atemnot und Beklemmungsgefühle, auf seelischer Ebene Depression und Apathie, gleichzeitig aber auch Reizbarkeit. Ganz typisch sind unvorhersehbare Stimmungsschwankungen und Konzentrationsstörungen. Die Dauer dieser Phase – die fast immer mehrfach durchlaufen wird – ist schwer vorhersagbar; die Angaben schwanken zwischen einigen Wochen und Monaten. Starke Schuldgefühle können das Durchlaufen dieser Phase sehr erschweren.

Traueraufgaben in Phase 2:

- Den Trauerschmerz erfahren
- Physisches und psychisches Leid zulassen
- Die Gefühle nicht abwehren
- Das Chaos annehmen und durchgehen

3. Trauerphase: Suchen und Sich-Trennen

Wenn wir etwas verloren haben, beginnen wir unweigerlich zu suchen. Das ist bei dem Verlust eines geliebten Gefährten nicht anders. Wir suchen den Verstorbenen an Orten, an denen er sich gerne aufhielt, und wir suchen ihn in anderen Tieren, denen wir begegnen und die ihm vielleicht ähnlich sehen oder uns sonst irgendwie an ihn erinnern. Wir suchen aber auch nach Möglichkeiten, etwas von dem zu finden, was unsere Beziehung zu ihm ausgemacht hat. Viele Menschen berichten in dieser Phase von intensiven Träumen, in denen der Verstorbene wieder da ist, lebendig ist. Auch dieses „Wiederfinden" endet natürlich in einem erneuten Sich-trennen-müssen. Sich an Erlebnisse mit dem Verstorbenen zu erinnern ist, wenngleich schmerzvoll, auch wichtig, damit die *Beziehung* erhalten bleibt.

Zu der Phase des Suchens, Findens und Sich trennens gehören intensive Träume, Suche nach dem Verstorbenen („Ich suche ihn überall!"), optische und akustische Täuschungen („Ich sehe ihn immer noch an der Tür sitzen", „Ich höre seine Krallen auf dem Parkett"), lautes Reden mit dem Verstorbenen und phasenweise depressive Zustände. Insgesamt freilich wechseln sich

Einsamkeit, Verzweiflung und Hilflosigkeitsgefühle zunehmend ab mit Momenten der Freude und Dankbarkeit. Die Trennung von dem realen Verstorbenen wird deutlich.

In diesem Stadium (bzw. in einem Durchlauf dieses Zyklus') fällt der Trauernde irgendwann, wohl größtenteils unbewusst, die innere Entscheidung, sich wieder dem Leben zuzuwenden oder in seiner Trauer zu verharren. Im besten Fall wird der Verstorbene zu einem „inneren Begleiter", mit dem eine angemessene Beziehung geführt wird, zu der auch innere Dialoge gehören. Im schlechtesten Fall versteinert der Trauernde in einem „Pseudoleben" mit dem Verstorbenen.

Dieser Prozess des Suchens, Findens und Sich-Trennens kann ganz unterschiedlich lang dauern. Wichtig und wesentlich ist, dass etwas *in Bewegung bleibt!*

Traueraufgaben in Phase 3:

- Anpassen an ein Leben, in dem der Verstorbene fehlt
- Alternative Aufgaben/Beschäftigungen finden

4. Trauerphase: Neuer Selbst- und Weltbezug

Sofern in der Phase des Suchens Wege gefunden wurden, Elemente des Verstorbenen in das aktuelle Leben zu integrieren, ist damit auch der Weg zu einer „Rückkehr in die Welt" geebnet. Der Verstorbene erhält einen eigenen Platz im neuen Leben, er ist zu einem „inneren Begleiter" geworden. Natürlich hat der Trauerprozess Narben hinterlassen, und so kann es sein, dass nach dem Verlust ein neues Selbstverständnis steht – in jedem Fall wird es neue Beziehungen zu sich selbst und zur Welt geben. So werden möglicherweise alte Lebensmuster aufgegeben und durch neue, neu gelernte ersetzt.

In dieser Phase beginnen sich die veränderten Körperreaktionen wieder zu normalisieren, wenngleich natürlich eine gewisse emotionale Labilität und Anfälligkeit für „Rückfälle“ bestehen bleiben und auch Orientierungsschwierigkeiten auftreten können. Letztlich überwiegen jedoch Gefühle von Freude, Erleichterung, Freiheit, Dankbarkeit und innerer Ruhe.

Traueraufgaben in Phase 4:

- Energie in neue Aufgaben und Beziehungen investieren
- Gefühlsmäßige Loslösung
- Freude am Leben finden

Übungen

Ein Bild für meine eigene Trauer

Suchen Sie in Zeitschriften, Kunstbüchern, Internet etc. nach einem Bild für Ihre Trauer. Vielleicht ist es, wie oben angesprochen, eine Trümmerlandschaft, vielleicht ein Labyrinth, vielleicht etwas ganz anderes ...

Natürlich können Sie auch selbst eine Collage gestalten, eine Zeichnung, ein Aquarell o.ä. anfertigen.

Sprechen Sie dann mit einem Vertrauten darüber, was dieses Bild für Sie bedeutet. Nehmen Sie sich dafür ausreichend Zeit und bitten Sie den anderen, sich jeglicher Wertung zu enthalten und – ganz unabhängig von Ihren Erläuterungen – seine eigenen Eindrücke dazu zu äußern. Was sieht er in dem Bild?

Vielleicht wollen Sie in einem nächsten Schritt auch schon überlegen, was Sie an dem Bild verändern müssten, um wieder mehr Handlungsfähigkeit zu gewinnen. Vielleicht wollen Sie es aber einfach auch erst einmal eine Weile so lassen.

Legen Sie das Bild, mit dem aktuellen Datum versehen, in Ihr Trauer-/Erinnerungsbuch und nehmen Sie es ab und an in die Hand. Beantworten Sie dabei die folgenden Fragen:

- Warum habe ich mich damals für genau dieses Bild entschieden?
- Passt es heute noch zu meinen aktuellen Gefühlen?
- Was hat sich inzwischen für mich verändert?

Suchen oder fertigen Sie von Zeit zu Zeit – vielleicht alle zwei Wochen, vielleicht einmal im Monat – ein neues Bild, das Ihrem aktuellen Befinden entspricht, und legen Sie es zu dem/den alten dazu. Vergessen Sie nicht, jedes Bild zu datieren.

Wenn Sie nach längerer Zeit, beispielsweise am Jahrestag, alle Bilder ansehen, werden Sie eine Entwicklungstendenz erkennen.

Wenn ich nicht mehr weiter weiß …

Stellen Sie einen Küchenwecker auf 5 Minuten, nehmen Sie einen Stift zur Hand und schreiben Sie flüssig, ohne abzusetzen(!). Beginnen Sie mit den Worten: „Wenn ich nicht mehr weiter weiß" und schreiben Sie weiter fortlaufend auf, was Ihnen spontan einfällt. Wenn Ihnen nichts einfällt, notieren Sie, was Sie wahrnehmen, z.B. „Draußen scheint die Sonne ..., Ich sitze hier am Sofa ..., Eigentlich sollte ich jetzt rausgehen ... " und vertrauen Sie darauf, dass Ihnen etwas einfallen wird, was langfristig für Sie hilfreich ist.

Legen Sie das Geschriebene dann zur Seite, ohne es nochmals durchzulesen. Das tun Sie erst an einem der darauffolgenden Tage. Markieren Sie dann durch Unterstreichung oder mit einem Leuchtstift vier Wörter in dem Text und widmen Sie diesen Begriffen jeweils ein paar Minuten der Besinnung.

Wenn Sie möchten, können Sie als **Anschlussübung** eines der markierten Wörter auch als Großbuchstaben untereinanderschreiben und zu jedem Buchstaben wiederum ein Wort finden, das mit demselben Anfangsbuchstaben beginnt und etwas zum Ausdruck bringt, das der Verstorbene Ihnen jetzt gerade mitteilen möchte.

Hier ein Beispiel zu dem Wort *Trost*: Finden Sie zu jedem Buchstaben mindestens einen Aspekt, den Sie mit dem Wort Trost verbinden. Das heißt: Schreiben Sie etwas *Konkretes* auf, was Ihnen für sich persönlich hilfreich und tröstlich erscheint. Erfahrungsgemäß funktioniert es am besten, wenn Sie spontan notieren, was Ihnen einfällt, ohne lange drüber zu sinnieren.

T
R
O
S
T

Sehr allgemein gehalten könnten es Begriffe sein wie: einer **T**rauergruppe beitreten / **R**ichtig ausheulen / ein **O**ffenes **O**hr finden / **S**ichere Begleitung haben / einem neuen **T**ier ein Zuhause geben ...

Bitte nehmen Sie diese Stichworte aber wirklich nur als *allgemeine* Anregung und finden Sie für sich ganz persönliche, konkrete Ideen, so in der Art: „**T**eresa fragen, ob sie am kommenden Sonntag mit mir ins Kino (Matinée) geht"

Und setzen Sie die gefundenen Ideen dann auch wirklich um. Sollten Sie meinen, es hilft ja doch alles nichts, möchte ich Sie einladen, es wenigstens einmal *auszuprobieren*. Schlimmer werden kann es nicht. Geben Sie sich selber eine Chance!

Fragen für die Selbstreflexion / Ihr Trauer-/Erinnerungsbuch:

- Was war für mich in diesem Kapitel besonders hilfreich?
- Was hat sich in der vergangenen Woche hinsichtlich meiner Trauer verändert?
- Was ist mir in der vergangenen Woche an Schwerem begegnet?
- Wo und von wem ist mir Gutes widerfahren?
- Wo und wie habe ich für mich gesorgt?

Hoffnung
fehlt mir
Oft verzweifle ich
fast aus Mangel an
Hoffnung

Wie es andere erlebten ...

In liebevoller, herzlicher Erinnerung und tiefem, endlosem Dank an meinen Kater Gismo

Ich war 24 Jahre alt, vor kurzem von zu Hause ausgezogen, „schön weit weg“ von meinen Eltern, mitten in der Hamburger Großstadt. Mein Wohnzimmer war gerade fertig renoviert, mein erstes Sofa frisch geliefert, als meine Freundin anrief. Sie habe sich einen „süßen“ Kater gekauft, ob ich Lust hätte, ihn zu sehen, sie sei gerade in meiner Nähe. Meine Sorge um mein neues Sofa wischte sie weg: „Er ist stubenrein“ – was das auch immer bedeuten sollte. Ich hatte keine Ahnung von Katzen und mit Katzen generell nichts am Hut. Circa zwei Stunden später kippte meine Freundin ihren Entschluss ... wegen ihrer Mutter, wegen ihrem Freund, wegen ihrem verstorbenen Kater – und außerdem hatte sie doch gar keine Zeit für ein Tier! Sie hatte alles „Zubehör“: Katzentoilette, Streu, Spielzeug, Bürsten, Futter etc. bereits gekauft und war jetzt ganz verzweifelt! Sie wollte ihren „200 D-Mark teuren“ Kater zurückbringen.

Ich ermutigte sie, sich selbst und ihrem Kater eine Chance zu geben ... und irgendwann bot ich ihr an, den Kleinen zu nehmen. Mein Reich war eine 51,5 qm große Zweieinhalb-Zimmer-Wohnung, hier war auch Platz für eine Katz´.

So wurde ich Katzenbesitzerin. Bevor der warme Augustabend 1990 zu Ende ging, zog ein Maine-Coon-Perser-Mischlings-Kater in mein Leben ein. Er hatte ein wunderschönes, schwarzes, seidig glänzendes Fell. Im Laufe der Jahre habe ich vergeblich immer wieder nach einem vergleichbaren „Material“ gesucht. Sein

Fell war so weich, so sanft, einfach unbeschreiblich, wie Samt und Seide auf einmal, und es war total pflegeleicht! Er war kuschelig, verschmust, anhänglich, verspielt, interessiert, sauber ... und immer voller Freude. Ich wusste es damals noch nicht, aber er wurde meine Familie, mein innerer Anker, meine Stressbremse, mein sanfter Tröster für alle Fälle ... Ein Sonntagskind, geboren am 17. Juni, ich nannte ihn Gismo.

Gismo und ich hatten eine wundervolle Zeit miteinander, wir waren soooo glücklich! Schon bald hatte er sich die Ehrenloge ausgesucht und schlief direkt an meinem Oberkopf. Morgens wartete er darauf, dass ich meine Augen öffnete. Spürte er, dass ich wach war? Er schnurrte, wartete ... schnurrte lauter ... Manchmal wurde er ungeduldig und forderte mich sanft, aber beharrlich zum Sprechen auf. Streckte sein Pfötchen, tickte mit ausgezogener Kralle sanft an meiner Unterlippe, während ich ruhig atmete und mich in Vertrauen und Ruhe übte. Manchmal holte er sein kleines Wollknäuel, legte es mir vor die Nase und bot mir „Spielen" an. Hatte ich eine lange Tanznacht hinter mir, war müde und unlustig, pfefferte ich das Wollknäuel lustlos quer durch die Wohnung, um noch einen Moment Schlaf zu bekommen ... viel zu schnell war er wieder da, legte sein Wollknäuel ab, wartete. Reagierte ich nicht, fuhr er wieder seine Pfote raus, spielte mit meiner Unterlippe und schnurrte ... rrrrrrrr ...

13 Jahre später ... Gismo, Shila und Lisa waren „Freigänger", wir lebten auf dem Land.

Mein Sohn war gerade geboren, deswegen ließ ich alle Katzen durchchecken. Bei Gismo empfahl die Tierärztin dringend „Zahnsteinentfernung". Es sollte ein kleiner Routineeingriff werden. Schweren Herzens stimmte ich zu. Doch er vertrug die Narkose nicht, offensichtlich eine Überdosis des Narkosemittels. Nierenversagen – und von hü auf hott wurde aus einem gesunden, fröhlichen Kater ein „stinkendes Etwas"! Ich erkannte meinen Kater nicht wieder!

Die Narkose war zu viel ... er musste nach dem Aufwachen gleich an den Tropf, konnte sich kaum vorwärtsbewegen. Nach einigen Tagen in der Klinik holten wir ihn übers Wochenende heim. Meine Fürsorge für meinen neugeborenen Sohn ließ mich funktionieren. Gismo nahm etwas Futter zu sich, und ich war trotz allem noch zuversichtlich. Montag brachten wir ihn wie verabredet wieder zum Tierarzt, wo er weiter „aufgepäppelt" werden sollte. Nach zwei Tagen kam der Anruf von der Praxis, sie könnten nichts mehr für Gismo tun!

Mein neugeborenes Baby blieb mit meinem Mann im Auto.

Die Tierärztin verlangte, dass Gismo auf dem Tisch liegen bleiben sollte. Ich durfte ihn nicht auf den Arm nehmen. Es sei zu gefährlich und überhaupt nicht erlaubt. Er könnte mich „erwischen". Ich ließ mich einschüchtern, kuschte, fügte mich und hielt nur Gismos schwachen Körper mit meinen Händen fest. Sein Fell und sein ganzer Körper fühlten sich so fremd an! Mein armes Baby, was hatten sie dir bloß angetan? Und ich habe das zugelassen!

Die Ärztin haute drei Spritzen in ihn rein, sie wurde immer ungeduldiger. Irgendwann sagte sie aufgeregt, empört und ironisch: „Sie haben wohl eine sehr tiefe Bindung zu ihm gehabt! Er will gar nicht gehen. Er hat schon die Dosis für ein Pferd drin! Und ich habe seit fünf Minuten Mittagspause." Dann zog sie die vierte Spritze auf. Noch heute – zehn Jahre später – erinnere ich mich an ihren Gesichtsausdruck! War in ihr möglicherweise so was wie EKEL ... ein Unverständnis, wie man so eine Bindung zu einem Tier haben kann? Hatte sie vielleicht ANGST? In ihrem Gesicht konnte ich keine empathischen Züge finden: Es wirkte auf mich eng, angewidert, zugeschnürt, angeekelt und fassungslos. Ich atmete tief durch, schob meine WUT beiseite und machte in mir Platz für meinen ABSCHIED von Gismo ... ich brauchte meine Kraft!

Nachdem sie die vierte Spritze angesetzt und die Hälfte in seinen schwachen Körper gespritzt hatte, baute Gismo sich mit seiner letzten Kraft noch einmal mit seinem Köpfchen und einem Stück Brust auf, die Augen weit aufgerissen! Während die Tierärztin entsetzt zurückschreckte, gab Gismo einen sehr, sehr tiefen, dröhnenden Laut des Abschieds von sich. Ich hörte die Kraft seiner Stimme zum letzten Mal. Ja, diesen stolzen Klang kannte ich, er war mir so vertraut, das war mein Gismo-Baby! Sein Ruf ging mir tief unter die Haut, es fröstelte mich, Gänsehaut durchzuckte meinen Körper. Dann sackte er zusammen. Blieb einfach liegen. Das tat so weh! Nein, dieses Tier wollte nicht gehen, er hatte so gekämpft, er wollte leben! Ich konnte meine WUT kaum noch bei mir behalten. Am liebsten hätte ich diese blöde Kuh in der Luft zerrissen, ihr die Augen ausgekratzt ... Doch ich schaute die Tierärztin nicht noch einmal an. Ich wollte mir hier und jetzt keinen Raum für meine WUT nehmen!

Jetzt wollte ich ganz bei meinen Gefühlen für meinen Gismo sein! In tiefer Trauer und ganz zärtlich packte ich meinen warmen, schlappen, leblosen Gismokörper ein und verließ den Laden. Ich trug ihn zum Auto und später in sein Grab, überließ ihn Mutter ERDE. Es war Winter, es regnete. Mein Mann half mir, die gefrorene Erddecke aufzulockern, den Rest buddelte ich allein. Irgendwann – es ging viel zu schnell – war es so weit, ich sprang in das tiefe Loch hinein und legte ihn sanft ab. Es fiel mir so schwer, die erste Hand voll Erde auf ihn zu tun ... das fühlte sich endgültig an! Schweren Herzens bedeckte ich ihn mit Erde, deckte ihn mit Tannenzweigen ab, schenkte ihm alle Clivia-Blüten, betete, sang für ihn, trauerte ... weinte ... trauerte ... weinte.

Mein Mann kümmerte sich um meinen Sohn, und ich nahm mir Raum für meine Tränen und für mein Gismo-Gefühl ... ich habe ihn so geliebt, er war mein Baby! Er hat mir so viel Freude und Glück geschenkt, so viele zärtliche Stunden, mich so in meinem Leben unterstützt.

Ich bin gedanklich wieder ganz in diesem Moment: Ich fühle mich allein und verlassen, er fehlt mir sehr. Ich will ihn nicht gehen lassen. Ich kann gar nicht begreifen, dass es wirklich passiert sein soll, einfach absurd, alles nur ein schlechter Traum ... In irgendeinem Teil meines Gehirns weiß ich, dass oben im Haus meine Familie und meine Katzen Shila und Lisa sehnsüchtig auf mich warten, doch sie sind für mich alle so weit weg ... Ich bin meiner Familie sehr dankbar, dass sie mir diesen „Abschiedsraum" ermöglichen, dass ich jetzt hier allein sein kann. Ich fühle ganz klar in mir, dass jetzt KEINER hierher passen würde, dass jetzt JEDER nur stören würde, weil dies eine besonders innige Verbindung nur zwischen Gismo und mir ist. Ich kann mich nicht erinnern, dass je ein Mensch oder ein Tier mich bis heute so tief berührt hat wie Gismo. Deswegen ist das hier unser ganz persönlicher „intimer" Abschied.

Regen kühlt mein Gesicht, hilft mir, mich immer wieder zu beruhigen, sanfter Wind trocknet meine Tränen. Ich kann seine Stimme in meinem Inneren hören, mein Herz wünschst sich das so sehr. Jeden Moment könnte er um die Ecke kommen: „Miau ... da bist du ja, ich habe dich schon sooo ... vermisst! Miau, nimm mich auf deinen Arm, dann ist mir kuschelig warm ...“

Nach Gismo beglückten, bereicherten und verließen mich die Katzen Shila, Benji, Lisa, Matze Genius, Salsa, Lakshmi, Ganesha und Vishnu. Ich habe sie alle geliebt, um alle geweint, getrauert, und jedesmal habe ich gleichzeitig auch immer wieder um Gismo geweint und getrauert. Eigentlich habe ich mich bis heute gar nicht von ihm verabschiedet und will mich auch nicht von ihm verabschieden!

Gismo war das einzige Tier, das an meinem Kopf schlief, die anderen nahmen meine Beine, Bauch, Brust ... aber keiner ging und blieb so viele Jahre am Kopf und schnurrte mich täglich in den Schlaf. Die letzten Tage habe ich bewusst eine Kuscheldecke zu meinem Kopf gelegt. In liebevoller Erinnerung, habe ich Gismo morgens und abends im Geiste durch die kleine Kuscheldecke gestreichelt ...

Ist es überhaupt möglich, solch eine tiefe Bindung loszulassen? Bis heute war ich überzeugt, ich muss loslassen. Die verstorbenen Seelen wollen weiter gehen ... ich muss sie gehen lassen. Aber ist es so? Und wozu? Wer bestimmt das? Vielleicht ist es für mich viel sinnvoller, diese kostbare Beziehung wie einen Schatz in meiner Erinnerung zu hüten?

Manchmal habe ich die Idee und das Gefühl, dass die Seelen aller Tiere – lebendig oder tot – miteinander kommunizieren, miteinander verbunden sind. Wer weiß, vielleicht klebt Gismos Seele an mir – genau so, wie ich mich in meinen Erinnerungen immer wieder an ihn anbinde? Durch ihn war ich so glücklich, vielleicht sind wir dadurch verbunden? Gismos Wildheit und Verspieltheit hatte meine Lebensgeister erweckt. Seine

Sanftheit und Wärme meine tiefe, traurige Einsamkeit in der dunklen Großstadt getröstet. Sanftes Gismo-Schnurren hatte meine Gehirnzellen zum Schwingen gebracht, mein Bewusstsein verändert ... und ohne „eigentlich“ lebte und lebt Kater Gismo in allen Tieren weiter ...

Das alles ist eben aus mir heraussprudelt; ich hatte nur einen kleinen Spalt aufgemacht, und ein fetter Erinnerungsschmerz kam raus. Aber es tut einfach immer noch so weh, obwohl er schon fast elf Jahre tot ist ... Bis heute verabschiede ich meinen Gismo immer wieder aufs Neue. Mit jedem Tier, das meinem Herzen nahe kommt und dann einfach wieder verschwindet. Manchmal denke ich, ich will keine Tiere mehr halten, keine Katze, keinen Hund, weil es so schmerzt, sie zu verlieren; ich habe schon so viele verloren. Aber, wie leer wäre mein Leben ohne diese „Seelen-Begleiter“ und wie arm mein Herz ...

Gismo, ich bin dir soooooo ... endlos ... verbunden ...

Jenseits von richtig und falsch liegt ein Ort. Dort treffen wir uns. (Rumi)

Janin Jones, bei Hamburg

Benji – mein kleiner Plüschfuchs

Benji (geb. 10.02.97) wurde mit sechs Wochen vor dem Ertränken gerettet, einen Tag später gäbe es ihn nicht mehr. So musste er schon früh kämpfen (zu überleben), was ich im hohen Alter wiedererkannte. Er hatte schon immer seinen eigenen Willen.

Er war meine Seele, fühlte, wenn es mir schlecht ging, zeigte mir meine Schwangerschaft an (ich wusste es noch nicht), hielt fremde Menschen (die zwei Gesichter hatten) von mir fern ... Er war mein kleiner, liebenswerter Stiesel, der den Spitznamen Plüschfuchs erhielt, weil er im Winter wie Plüsch aussah und im Sommer wie ein Fuchs.

Er begleitete mich 16 Jahre und sieben Monate, und in der Zeit erlebten wir sehr viel. Wir fuhren gemeinsam in den Urlaub, er ging ab und zu mit in „mein" Altenheim ... Eigentlich war er überall dabei bis ins hohe Alter, Dank seines Buggys.

Er tat sich damals schwer, den Zeithund Cooper anzunehmen. Er war ja auch neun Jahre lang ein „Einzelkind" gewesen. Irgendwann schloss er Cooper dann aber doch ins Herz. Er passte auf den kleinen Cooper auf, bis dieser ihm über dem Kopf wuchs. Im Alter nachher beschützte Cooper den Benji und brachte ihn manchmal sogar zu Frauchen, weil Benji sehr schwer hörte.

Mittlerweile hatte er schon einige Diagnosen: Herzbasistumor, Liposome, Mitralklappen- und Trikuspidalinsuffizienz, Trachealkollaps, Spondylose, Arthrose, dazu ein bisschen inkontinent. Er konnte damit aber gut ohne Medikamente leben. Was er bekam war Physiotherapie und Wasserlaufband – was ihn echt fit hielt –, und eine Rüdenwindel.

Mit 15 Jahren (Juni 2012) hatte er einen Zusammenbruch, und die Tierärztin gab ihm nicht mehr lange ...

Seine Nieren hatten Zysten (oder einen Tumor), dazu Tumore an Leber und Milz. Ich war fertig, und er bekam die Tage darauf alles, was er wollte. So vergingen Tage ... Wochen ... Monate ...

Und mir war klar, er wollte noch nicht gehen, und es ging ihm gut.

Trotzdem verabschiedete ich mich jeden Abend von ihm und grüßte ihn jeden Morgen.

Irgendwann (August 2013) spürte ich, dass es ihm nicht gut ging. Wir gingen öfters zum Tierarzt, da er auch das Fressen einstellte. Dabei durfte er inzwischen alles fressen, was er mochte. Ein paar Tage vorher waren es nur noch Bockwürste. Die Blutuntersuchung am 5. September brachte es dann an den Tag: Nierenversagen. Er atmete schon einige Zeit so schwer, war unruhig und schlief viel. Dann, als die Entscheidung gefallen war, dass er morgen (6.09.13) um die Mittagszeit gehen wird (hätte ihn auch noch übers Wochenende halten können, laut Tierarzt, mein Bauchgefühl sagt aber NEIN!), ist er ganz ruhig geworden ...

Ich schrieb eine „Rund-SMS", und die Freundinnen kamen vorbei und verabschiedeten sich.

Seit seinem Zusammenbruch stand für mich fest: Benji soll eingeäschert werden. Ich wollte nicht erst ins Grübeln kommen, was machst du wenn...? So suchte ich im Netz, fragte beim Tierarzt und bei Bekannten nach. Bis ich ein Krematorium hatte. Dieses wollte aber vor dem Tag X keine Auskunft am Telefon geben, ich solle doch ins Netz schauen. Die Freundin, die die Telefonate für mich erledigte (war selbst nicht imstande dazu), rief dann im Tierkrematorium Hanstedt an. Dort beantwortete man uns die Fragen, und alles stand fest.

Sehr spät legte ich meine Matratze auf den Boden und nahm Benji zu mir. Sagte ihm auch, wenn er nicht mehr kann, darf er gerne gehen. Cooper wollte von alledem nichts wissen. Ich war immer wieder wach, und Benji atmete ganz ruhig. Ich durfte die ganze Nacht seine Pfote halten (seine Pfoten waren „Seins", da durfte an sich nur die Physio ran). Am Morgen trug ich ihn, wie schon die letzten Wochen, die Treppe runter und ging in den Garten. Er futterte noch seine Leckerchen, lag auf der Wiese und hielt die Nase in den Wind. Wieder in der Wohnung, lag er die ganze Zeit neben mir, schaute ins Leere oder schlief ...

Gegen die Mittagszeit kam dann der Anruf, dass die Tierärztin sich auf den Weg machte. Als sie ankam, bellten beide (was aber normal war). Cooper brachte ich in die Stube, und Benji bekam ein Gel in die Schnauze, was ekelig schmeckte und durstig machte (was ich nicht wusste). Er ging hin und her ... Ich nahm ihn auf den Schoß ... er wollte wieder runter ... taumelte aber schon ... So nahm ich ihn in den Arm, und er wollte weglaufen und schrie auf. Ich beugte mich über ihn und schrie nur: „Jetzt nicht das auch noch". Ich wollte doch, dass er friedlich in Ruhe einschlief, es schmerzte sehr ... Dann war er auch schon ruhig. Ich legte ihn in sein Körbchen, und er bekam die Spritze.

Dann war es auch schon still. Die Tierärztin verabschiedete sich, ich setzte mich zu ihm und weinte ... Dann holte ich Cooper dazu, um sich zu verabschieden, aber er sprang gleich aufs Bett. Ich rief ihn zu uns ... er kam, aber ging dann wieder ...

Dann kam schon die Freundin, die uns auf der letzten Fahrt begleitete, und so weinten wir erstmal, bis wir losfuhren ins Krematorium.

Dort angekommen, legte ich ihn auf das gebrachte Kissen, und er wurde in den Andachtsraum gebracht. Ich bin dann dort rein, und es war, als stünde ich ihm Wald. Vögel zwitscherten, Wasser rauschte, und es war alles recht schön hergerichtet. Ich konnte so lange bleiben, wie ich wollte, und mich ins Gästebuch eintragen. Ich schrieb ein paar Dankesworte an Benji hinein. Dann wurden die Formalitäten getätigt, und ich fuhr ohne ihn wieder heim. Ein paar Tage später kam dann die Kartonage mit Benjis Asche wieder nach Hause. Für mich war es so, dass er wieder heimkommt. Er steht jetzt in der Stube auf dem Schrank, mit seinem letztem Plüschtier (wo er immer drauf geknautscht hatte), daneben ein Foto und eine Kerze.

Mein Wunsch ist es, wenn ich mit Cooper an einem Gewässer bin, wo ich mit beiden mal war, dass Benji dann mitfährt und ins Wasser gestreut wird. So ist er überall, wenn ich am Wasser stehe. Da ich keinen eigenen Garten habe, ist es so eine Möglichkeit für mich, wenn ich auch mal umziehen werde, ihm nah zu sein.

Die Tage danach waren schwer, aber durch den täglichen Abschied von ihm und durch Coopers Dasein war es leichter zu ertragen, und die Erinnerungen brachten mir immer unerwartet schnell ein Lächeln auf die Lippen. Vermisst wird er trotzdem, mein kleiner Herzensbrecher, mit dem besonderen Blick.

Die folgenden Zeilen entstanden ein paar Tage später:

Ich weiß immer noch nicht, ob es „leichter" ist zu wissen, ob der Tag X kommt, oder wenn er überraschend da ist. Eines weiß ich: Es ist immer zu früh ...
Es ist für mich schwer zu ertragen, wenn man den Zeitpunkt kennt und man alles sehr bewusst erlebt ...
eine letzte Nacht zusammen ...
ein letztes Mal Gute Nacht ...
ein letztes Mal Pfötchen halten ...
ein letztes Mal in der Nacht raus müssen ...
eine letzte halbe Bockwurst ...

ein letzter Morgen bricht an ...
ein letztes Mal Guten Morgen ...
ein paar letzte Stunden, die uns bleiben ...
ein letztes Mal in einen anderen Raum verfolgt werden ...
Die Zeit verstreicht, er liegt ruhig da und ist müde,
die Augen fallen immer wieder zu, und dann wieder
ein offener wacher Blick ...
die letzte Stunde bricht an ...
ein letztes Mal intensives Kuscheln ...
ein letztes Mal nebeneinander liegen ...
ein letztes Mal wird meine Hand abgeschleckt ...
unsere letzten Minuten ...
ein letztes Mal in den Garten ...
ein letztes Mal wärmt die Sonne sein Fell ...
eine letzte Hand voll Leckerlis reichen ...
ein letztes Mal schnuppern gehen ...
Der Tierarzt kommt ...
ein letztes Mal aufregen, bellen ...
ein letztes Mal beruhigen ...
ein letztes Mal was Ekeliges schmecken müssen ...
ein letztes Mal ihn in den Armen halten ...
er will weg und geht ...
er taumelt ...
ich halte ihn ...
er will weglaufen ... Schreien ... Festhalten ...
ruhiges Atmen ...
ein letztes Mal ihn ins Körbchen legen ...
er ist ganz ruhig ...
ein letzter Atemzug ... das Herz steht ...
alles steht und ist still!
Ein letztes Mal Cooper zeigen ...
ein letztes Mal die Treppen runtertragen ...
ein letztes Mal ins Auto legen ...
unsere letzte Fahrt ...
ein letztes Mal streicheln ...

ein letztes Mal riechen ...
ein letztes Küsschen ...
Eben alles DAS LETZTE MAL!!!

Kathrin Biesgen, Celle

Nie wieder …

Mein (vierpfötiges) Kind ist tot. Nie wieder werde ich sein seidiges Fell streicheln. Nie wieder wird er mich mit seinen messingfarbenen Augen, mit dem kleinen dunklen Punkt in der linken Iris, anschauen. Nie wieder wird er hinter der gläsernen Windfangtür auf mich warten, wenn ich heimkomme, mir schnurrend um die Beine streichen und wortreich erzählen, was ihn wohl während meiner Abwesenheit beschäftigt hat – oder mich vorwurfsvoll maunzend schimpfen, wenn ich zu lange weg war. Nie wieder wird er an den Lehnen des Ledersofas, nie wieder an dem Sessel kratzen, dessen Seiten wir extra für ihn mit Sisal bespannt hatten, nie wieder mitten in der Nacht Pingpongbälle lautstark über das Parkett schussern, nie wieder ausdauernd sein Lieblingsfutter einfordern (von ihm konnte man das Dranbleiben lernen). Nie wieder …

Es ist so endgültig. Im Laufe meines Lebens habe ich einen Hund, drei Vögel, zwei Pferde und vier Katzen begraben. Jeder Abschied war furchtbar. Dieses Mal soll das letzte Mal gewesen sein.

Bagheera – Baggy – ist 19 Jahre alt geworden, ein stolzes Alter für einen Kater, und bis auf zwei Wochen kurz vor seinem Tod war er nicht einen Tag krank! Und dann ist er – ohne Schmerzen, wie mir auch die Tierärztin glaubhaft versicherte – verstorben, mit einem letzten abschiedlichen Maunzer, um die Mittagszeit an einem warmen, lichten Sommertag, seine liebsten Menschen die letzten Stunden um sich, in meinem Arm, sein Köpfchen in meiner Hand. Ein Geschenk! Für den Abend war die Tierärztin bestellt gewesen, wir durften ihr absagen.

Mein Mann legte ihn in sein Lieblingskörbchen, und wir ließen ihn mehrere Stunden an der offenen

Terrassentür stehen, damit seine Seele entweichen konnte. Sein Fell war selbst im Tod noch perfekt, makellos, glänzend, seidig-weich ... Ich konnte nicht aufhören, es zu streicheln.

Manchmal hört man, dass Hinterbliebene das Bedürfnis haben, ihren verstorbenen Angehörigen wieder auszugraben. Diese Vorstellung war mir immer fremd gewesen, doch die ersten Tage nach Bagheeras Tod verspürte ich genau diesen Drang: Ihn wieder auszubuddeln, mit bloßen Händen, ihn noch einmal in den Arm zu nehmen, ihn festzuhalten, nie, nie, nie mehr hergeben wollen ...

Am gleichen Tag noch verlegten wir unser Schlafzimmer, wo er seine letzten Tage verbracht hatte, in das bisherige Gästezimmer, und im Laufe der nächsten Wochen räumten wir das Haus so um, dass diejenigen Plätze, an denen er sich bevorzugt aufgehalten hatte, zumindest etwas anders aussahen.

Wenn ich mir, als Bagheera im Alter von knapp sechs Monaten zu uns kam, einen Abschied hätte wünschen können – genau so hätte es sein sollen. Es war gut so und richtig, er hatte ein, denke ich, langes, volles und glückliches Leben gehabt und wollte nun gehen. Und trotzdem!

Ich muss eine Pause einlegen, weil ich Rotz und Wasser heule und vor Tränen nichts mehr sehe. Manchmal möchte ich selbst heute noch, Jahre später, einfach nur laut, laut, laut schreien.

Bei dem Versuch, die verschiedenen Verluste zu bewältigen, habe ich zahlreiche Trauerratgeber gelesen. In einem fand ich einen Satz, der irgendwie hilfreich war. Er stammte, wenn ich mich recht entsinne, von einer Mutter, die ihr Kind verloren hatte, und lautete in etwa: „Hiermit entbinde ich dich von der

Verpflichtung, meine Freude und mein Sonnenschein zu sein."

Bagheera war mein Sonnenschein gewesen. So voller Lebensfreude und Energie, im Alter schlief er etwas mehr und auch sein superfeines Gehör ließ allmählich nach, aber noch wenige Wochen vor seinem Tod spielte er gern, hüpfte oft noch ganz wie ein junges Kätzchen hinter einem Pingpongball her.

Viele Jahre lang hatte er leidenschaftlich apportiert. Nie und nirgends war man sicher, immer schleppte er ein Spielzeug an, bevorzugt waren Kabelbinder und kurze Elektrokabelstücke (wir bauten die Wohnung um, als diese Leidenschaft begann), die wir ihm immer und immer wieder werfen mussten. Unermüdlich trug er das Teil herbei, legte es uns vor die Füße, blickte erwartungsvoll, um nicht zu sagen fordernd – und wenn man nicht schnell genug reagierte, kamen seine kräftige Stimme und, falls auch das noch nicht wirkte, bisweilen auch die Krallen zum Einsatz. War es an eine für ihn unerreichbare Stelle gerutscht, führte er einen, klare Anweisungen gebend, vor den entsprechenden Schrank o.ä. und wartete dann ungeduldig, bis es, nicht selten mithilfe eines Besens, wieder verfügbar gemacht war und das Spiel von Neuem beginnen konnte.

Schon zu seinen Lebzeiten hatten nur ganz, ganz wenige Menschen Verständnis dafür, dass Bagheera uns so wichtig war. Dass wir ihn liebten wie andere ihr zweibeiniges Kind. Dabei war er nie Ersatz für ein solches. Wir liebten ihn einfach. Für meinen Mann und mich war er das Wichtigste und Liebste auf der Welt. Und nach seinem Tod sprachen zwar viele Freunde und Bekannte, die wussten, was er uns bedeutet hatte, ihr Mitgefühl aus, aber so gut wie immer schwang, mehr oder weniger unterschwellig, jeweils auch die Botschaft mit: „Wie kann man nur um eine Katze so ein Theater machen?“ Beziehungsweise nach seinem Tod: „Jetzt könnt Ihr endlich mal länger wegfahren, ohne einen Catsitter zu beauftragen, jetzt seid Ihr doch viel freier.“ Oder, gewiss nicht besser: „Gebt doch einem anderen Tier ein Zuhause.“

Warum versteht niemand, dass er nicht ersetzbar ist? Dass er so sehr fehlt!? Dass ich nie wieder eine vergleichbare Beziehung zu einem Tier aufbauen möchte!?!

Seit Langem schon habe ich aufgehört, darüber zu sprechen, wie es mir damit geht. Es will ja doch niemand hören.

Warum schaffe ich es nicht, mit seinem Tod Frieden zu schließen? Für ihn war es gut und richtig, und ganz gewiss würde er nicht wollen, dass ich so traurig bin. Sein Vermächtnis würde sicherlich lauten: „Freu dich des Lebens, solange es währt, so wie ich es getan habe!“ Warum gelingt mir das nicht?

Nun gut, natürlich gelingt es über weite Strecken. Wenn ich arbeite, unterwegs bin – wenn die Ablenkung groß genug ist. Aber immer wieder überkommt mich die Trauer, die Leere, die er hinterlassen hat – und die kein anderes Lebewesen zu füllen vermag.

Wir haben ihn im Garten begraben, an einem seiner Lieblingsplätze, im Schatten der großen Glyzine neben dem kleinen Teich. Ab und zu gehe ich dorthin und lasse meinen Tränen freien Lauf, um mich dann wieder dem Alltag zu widmen ...

Karla König, Bielefeld

Stephanie Faustig: Kuschi ist unvergessen

Mein erster Blick auf dieses winzige Wesen brachte mich zum Schmunzeln: Rabenschwarz und undefinierbar, ob Hund oder Katze, denn vor lauter Haaren war eine nähere Identifikation nicht möglich. Aber ich war in der Hundeabteilung des Münchner Tierheims, also musste es ein Hundewelpe sein. Und auf dem Gitter des im Verhältnis riesigen Geheges stand groß und deutlich „Wird nicht vermittelt". Also wendete ich meine Aufmerksamkeit seiner Nachbarin, einer bildschönen Cockerspanieldame, zu. Als ich mit der Tierpflegerin, die für Vermittlung zuständig war und die schon Leine und Halsband mitbrachte, zurückkam, stand ein Papa mit seinen zwei Sprösslingen vor der Spanieldame, und die Kinder riefen aufgeregt: „Die wollen wir!", und Papa stimmte gerade zu. Also zuckte ich mit den Achseln und verabschiedete mich von dem Hund und der Pflegerin. Beim Herausgehen aus dem Tierheim fiel mein Blick auf den Empfangsschalter. Auf dem Tisch stand ein Teller, auf dem Teller war ein Berg Hundefutter angehäufelt, und auf dem Berg stand der schwarze Welpe mit allen vier Pfoten und fraß sich von oben nach unten durch. Schlaraffenland! Ich musste lachen und schaute ihm mit Begeisterung zu.

Und dann traf ich den Entschluss, dass dieser Hund mein Hund ist, sein muss, unwiderruflich. Ich ging wieder ins Büro zu der Dame, mit der ich vorher verhandelt hatte. Papa und seine Kinder waren gerade mit der Bürokratie fertig, und die Kinder sahen ihr neues Familienmitglied verliebt an. Als ich dann meinen Wunsch erklärte, wurde ich abgewiesen. Erst mit Vernunftgründen, der Hund ist zu jung, zirka fünf Wochen alt, eventuell krank, da gerade aus einer Mülltonne gerettet und ich auch zu jung (19, hatte gerade angefangen zu studieren), und da ich hartnäckig wurde, immer schroffer. Aber ich kannte mich mit Hunden aus, was für mich sprach, und da der Feierabend nahte und ich um das Mitbringen eines Frühstücks für den nächsten Morgen bat, da ich nicht heimgehen wollte, sah die Dame ein, dass ich nicht abzuwimmeln war und diesen Hund wirklich wollte.

Kuschi passte gerade auf meine Hand, wenn ich das Ringelschwänzchen ausrollte, und er konnte noch nicht weiter als fünf Meter gehen. In der gleichen Nacht bekam er hohes Fieber, und in der Tierklinik diagnostizierte man Lungenentzündung. Er brauchte alle zwei Stunden seine Medizin, und so stellte ich den Wecker und gab sie ihm mit etwas Tatar mit Ei.

Er wurde ein prächtiger wunderschöner spitzähnlicher Mischling, der immer fröhlich und ausgelassen war und mich auf Schritt und Tritt begleitete. Er konnte sich unsichtbar machen und ging mit an die Uni, ins Kino, ins Theater und sogar zum David Bowie Konzert, was keine gute Idee war. Wenn ich mich am Eisbach sonnte, bettelte er am Chinesischen Turm um Spareribs, aber ein Pfiff genügte und er kam wie ein Blitz angerannt. Wir waren unzertrennlich.

Irgendwann, er war schon 14, merkte ich, dass die Stereoanlage in meinem neuen Auto ihm in den Ohren wehtat – das erste Altersanzeichen.

Im nächsten Jahr wurden seine Augen trüber, und irgendwann musste ich mit den Armen wedeln, damit er mitbekam, wo ich war. Ansonsten war seine Gesundheit bestens.

Meine Freunde und meine Familie waren immer begeistert, wenn ich in Ferien fuhr und sie auf ihn ein paar Tage oder Wochen aufpassen konnten. Er war weniger begeistert und ignorierte mich immer ein, zwei Tage beim Wiederkommen.

Als er 17 war, luden meine Eltern die Familie über Weihnachten nach Gran Canaria ein. Mein österreichischer Freund nahm Kuschi gerne, denn sie kannten sich schon einige Jahre und mochten sich gern.

Um so größer war meine Bestürzung, als mein Freund mich eines Morgens anrief und mir mitteilte, dass Kuschi schwer krank sei, beim Tierarzt am Tropf hinge, erschreckende Leber- und Nierenwerte habe und der Tierarzt von „Erlösen“ sprach. Ich ließ alles stehen und liegen, mein Vater spendierte mir ein teures Linienrückflugticket, und mit Umsteigen in Barcelona landete ich am gleichen Abend in München. Ich eilte nach Hause, packte drei, vier warme Sachen und fuhr mit meinem Auto los Richtung Österreich. An der Grenze in Schärding hielt der Grenzbeamte mich an und wollte meine Wagenpapiere sehen, die ich daheim vergessen hatte. Ich erklärte ihm die Situation und er ließ mich anstandslos passieren – Gottes Segen mit ihm!

Angekommen, raste ich die Treppe im Haus meines Freundes hoch, und an der Tür stand Kuschi. Schwach und dünn, aber er stand! Mein Freund erkläre mir, dass er mittags, als ich in Gran Canaria in Flugzeug stieg, plötzlich sich wieder rührte und der Arzt meinte, er könne auch daheim sterben, und ihn meinem Freund mitgab.

Und eine Viertelstunde, bevor ich kam, stand Kuschi das erste Mal auf und ging zur Tür. Mein Freund trug ihm die Infusionsflasche hinterher und streichelte ihn die ganze Zeit.

Als ich kam, schrien, weinten und lachten wir alle drei vor Freude und Erleichterung. Am nächsten Morgen zog sich Kuschi selber die Infusionsnadel heraus. Am gleichen Vormittag machte der Arzt wieder einen Bluttest und danach sprach er nur noch vom Weihnachtswunder.

Kuschi lebte noch sechs Wochen und ertrank im Swimmingpool meiner Eltern. Er war im Garten, um sein Geschäft zu machen, und kam wohl auf die Plane, die über den winterlichen Pool gespannt war, ging unter und ertrank. Als ich nach langem Suchen – aus irrationaler Hoffnung klammerte ich mich eine Weile an den Gedanken, dass er eine läufige Hündin gewittert hatte und über den Zaun gesprungen war, wie er es in seinen besten Jahren oft gemacht hatte – die Plane auf die Seite zog und seinen geliebten Körper leblos im Wasser schweben sah, brach mein Herz. Nass und kalt, vom Tod schon gezeichnet, war er nicht mehr mein Kuschi, sondern sein vertrauter und geliebter Körper fühlte sich fremd an. Seine Seele war weg und ich war am Boden zerstört. Wie oft hatte ich mich schon geistig auf diesen schlimmen Moment vorbereitet, aber die Realität war so viel schlimmer als alles, was ich mir vorher vorgestellt hatte. Er wurde steif, sehr schwer. Wir hüllten ihn in seine Lieblingsdecke ein und begruben ihn im Garten meiner Eltern in einem Blumenbeet.

Mein Begleiter, mein Freund, mein Vertrauter war weg. Nichts schmeckte mir mehr, die Haare waren unmittelbar nach dem Waschen schon wieder fettig, und monatelang schmeckte alles, was ich kochte, einfach furchtbar. Ich hatte Albträume und weinte viel. Nur Arbeit lenkte mich ab.

Wochen nach seinem Tod sah ich auf dem Rücksitz meines Autos etwas Schwarzes, und einen winzigen Moment lang hoffte ich inständig, es sei er. Es war der schwarze Mantel meiner Mutter, die ich bei einer Besorgung begleitete. Meine Mutter musste mich zurückfahren, mir liefen nur noch die Tränen über die Wangen.

Seither bin ich nicht mehr im Swimmingpool meiner Eltern baden gegangen. Das Haus meiner Eltern gehört inzwischen mir, und eigentlich mag ich es nicht. Aber ich werde es wohl nicht verkaufen können, weil Kuschis Grab dort ist.

Ich habe wieder Hunde. Es dauerte eine Weile, aber ich habe wieder Hunde, drei genau. Ich glaube, ich habe deswegen mehrere Hunde, weil ich den Schmerz beim Abschied dann besser teilen kann und die Überlebenden mich zwingen, weiter zu machen und nicht wieder in diese tiefe Trauer zu fallen.

Kuschi ist unvergessen und heißgeliebt. Es ist jetzt 20 Jahre her, aber ich trauere immer noch um ihn.

Stephanie Faustig, München

Gefühle aushalten. Trauer, Wut, Ohnmacht, Schuld ...

Drittes Treffen der Trauergruppe

Heute geht es in der Gruppe um das Thema „Gefühle“. Auf meine Frage nach Assoziationen, die den Teilnehmern dazu kommen, fallen in aller Regel spontan die Wörter *Trauer*, *Verzweiflung*, *Leere* und *Einsamkeit*. Daneben melden sich freilich immer wieder auch *Wut* – Wut auf unfähige Tierärzte, auf rücksichtslose Autofahrer ... –, dazu *Ohnmacht*, *Neid* und besonders häufig *Schuld*.

Klaus spricht das Wort *Schuld* als Erster direkt aus. Er war mit seiner Familie in Urlaub. Sie hatten extra ein Wohnmobil gemietet, damit sie ihren Hund problemlos mitnehmen konnten. Und da hat ihm ein Jäger seinen Kaspar erschossen. Klar, man hört immer wieder, dass es vorkommt, dass Jäger wildernde Hunde erschießen. „Aber das ist doch blödes Gerede – dachte ich. Und mein Kaspar hat auch nie gewildert. Wir waren immer zusammen im Wald spazieren, er hat aufs Wort gehorcht, aber natürlich lief er auch mal ein Stück voraus. Das macht ein Hund einfach, er soll ja auch seinen Spaß haben und rumschnüffeln dürfen. Und dann höre ich plötzlich diesen Schuss, ein lautes Krachen – und denke noch gar nichts Böses und rufe Kaspar. Er kommt nicht. Und er ist doch immer gekommen. Ich suche ihn. Und dann sehe ich ihn – „Blattschuss“ heißt das wohl. Immerhin musste, er nicht lange leiden." Klaus klingt sehr sachlich. Das ist bei vielen Menschen so, die dadurch, dass sie bei den reinen Fakten bleiben, ein Gefühl der Kontrolle aufrechtzuerhalten suchen. Auf die Frage, welche Gefühle ihm jetzt kommen, denkt er eine Weile stumm nach. Dann antwortet er: „Wut – Wut auf den Jäger ... aber schon auch Schuld. Ich habe ein furchtbar schlechtes Gewissen, weil ich nicht auf die Warnungen gehört habe. Hätte ich Kaspar angeleint oder bei Fuß gehabt, würde er jetzt noch leben. Ich bin verantwortlich für seinen Tod, und mit dieser Schuld muss ich jetzt leben."

„Das kann ich gut verstehen", Brigitte fällt ihm fast ins Wort. „Mir geht es ganz genauso. Ich hätte Silva [eine neun Monate alte Spaniel-Hündin] nicht von der Leine lassen dürfen. Aber es war ganz früh am Morgen, niemand unterwegs, und ich hätte nie, nie gedacht, dass sie bis an die Straße laufen würde." Sie erinnert sich an das Geräusch quietschender Bremsen, dann einen stumpfen Aufprall. „Ich schäme mich so, ich war so furchtbar dumm, so naiv. Und Silva musste es mit dem Leben bezahlen." Sie ringt sichtlich nach Fassung. „Ich bin dann natürlich gleich hingerannt. Da lag meine Silva am Straßenrand. Und die Frau, die das Auto gefahren hat, stand neben ihr. Völlig schockiert. Sie hatte wohl wirklich keine Schuld, Silva muss ihr direkt ins Auto gelaufen sein. Äußerlich sah man gar nichts. Silva sah aus, als ob sie schliefe. Wenigstens war sie gleich tot. Wenn das ein Trost sein kann."

„Ich stelle mir schon vor, dass das einer ist", wirft Elfriede ein, „mein Marius hat leider unnötig leiden müssen." Marius war ein zwölfjähriger Vollblut-Hengst, und Elfriede hatte ihn zur „Sommerfrische" auf einen Hof gegeben. Da auf den eigentlichen Pferdekoppeln an diesem Tag auch Stuten standen, hatte eine unbedarfte Aushilfskraft ihn auf eine Weide gebracht, die mit Stacheldraht umzäunt war. „Was für ein Idiot, aber letztlich bin ich verantwortlich, ich hätte dieses wunderbare, temperamentvolle Tier einfach nicht wohin geben dürfen, wo ich mir nicht hundertprozentig sicher sein konnte, dass man wenigstens halbwegs vernünftig mit Pferden umgeht!“ Jedenfalls geriet Marius in den Stacheldraht und verletzte sich dabei schwer. „Ich war beruflich unterwegs, als es passierte, und ich musste die Entscheidung am Telefon treffen, musste einem Tierarzt vertrauen, den ich nichtmal kannte. Jetzt frage ich mich ständig, ob es wirklich die richtige Entscheidung war, ob er nicht doch hätte gerettet werden können, ob ich ihn umgebracht habe. Diese Frage verfolgt mich und lässt mich nicht mehr zur Ruhe kommen. Ich bin regelrecht besessen davon.“

Gerade beim Thema Schuldgefühle geht es letztlich fast allen Gruppenmitgliedern ähnlich: Jeder fühlt sich irgendwie schuldig, weil er – rückblickend – etwas anders hätte machen können. Zentral ist dabei immer auch die Frage nach dem Warum: Warum habe ich ... Warum habe ich nicht ...? Selbst wenn Altersschwäche die Todesursache war und das Tier nach einem erfüllten Leben friedlich verstarb, kommt diese Frage, vielleicht in abgewandelter Form: Warum habe ich nicht, als er noch lebte, mehr Zeit mit ihm verbracht? Warum habe ich ihm nicht öfter sein Lieblingsfutter gegeben? Warum ...? Irgendetwas, was wir bedauern, was wir versäumt haben oder versäumt zu haben glauben, gibt es immer. Doch können solche und ähnliche Fragen nach dem Warum nie befriedigend beantwortet werden, weil sie im Grunde keine Fragen sind, sondern Klagen.

Gefühle sind hilfreiche Indikatoren

Gefühle an sich sind immer gut, es gibt lediglich angenehme und unangenehme. Gefühle möchten uns etwas sagen, was für uns wichtig ist. Und je früher wir Gefühle wahrnehmen, desto sanfter können wir damit umgehen. Vielleicht verstehen wir in dem Moment nicht, worum es geht, aber unser Unbewusstes will uns mit Gefühlen etwas sagen, und wenn diese Botschaft angekommen ist, kann sie sich langsam auflösen.

Hilfreich kann sein, sich bewusst zu machen, dass man *nie als ganze Person* ein bestimmtes Gefühl ist, sondern dass das Gefühl immer nur *ein Teil* von einem ist. Also nicht: *Ich bin* traurig, sondern: *Ein Teil von mir* ist traurig. Das allein schon schafft eine gewisse Distanz und macht wieder handlungsfähiger, weil wir uns der Trauer (oder jedem anderen unangenehmen Gefühl) nicht mehr völlig ausgeliefert fühlen. Nicht die Trauer hat uns komplett im Griff, sie ist nur ein Teil von uns. Ein Teil von uns, der gewiss auch seine Berechtigung hat. Als übermäßig stark empfundene Gefühle, über die wir keinerlei Macht zu haben scheinen, gehören übrigens auch zu den in der zweiten Sitzung angesprochenen Ver-rücktheiten. Sie sind „normal" und lösen sich im Regelfall mit der Zeit auf. Im Stadium des akuten Schmerzes können wir sie eigentlich nur *aushalten*.

Veränderung wird indes möglich, wenn wir uns auch als unangenehm empfundenen Gefühlen zuwenden, sie würdigen, akzeptieren. Je mehr wir uns gegen etwas wehren, desto mehr Macht geben wir ihm, desto mehr kann es sich manifestieren.

Mit meinen Klienten mache ich häufig Übungen zur Akzeptanz, Achtsamkeit und Selbstwahrnehmung. Entsprechende Anleitungen / Anregungen finden Sie vielfach auch in Büchern oder auf CDs – bitte lassen Sie aber schon bei der Auswahl Achtsamkeit walten. Wenn Sie Erfahrung mit Meditation und Gedankenreisen haben, wissen Sie ohnehin, was ich meine.

Körper, Geist und Seele sind eins, und inzwischen ist auch wissenschaftlich erwiesen, wie sehr unser emotionales Empfinden und unsere Körperempfindungen zusammenspielen, d.h. sich gegenseitig beeinflussen (in der Psychologie ist dieses Phänomen unter dem Namen „Embodiment" bekannt):

„Wie es mir geht, so gehe ich", und umgekehrt: „Wie ich gehe, so geht es mir", ist nur ein Beispiel. Wenn Sie deprimiert sind, werden Sie höchstwahrscheinlich mit eher gesenktem Haupt und nach innen-unten gerichtetem Blick durch die Gegend schleichen. Eine vollkommen andere Körperhaltung und Körperspannung erleben Sie dagegen, wenn Sie sich, vielleicht im Anschluss an ein besonders gelungenes Vorhaben, gerade freudig und mit vollem Zugriff auf Ihre Kompetenzen und Ressourcen auf ein attraktives Ziel zubewegen. Dann schreiten Sie höchstwahrscheinlich kraftvoll und energisch aus, Ihre Körperhaltung ist aufrecht, Ihr Blick freundlich-interessiert.

Das Spannende daran: Das Ganze funktioniert auch umgekehrt! Probieren Sie es aus. Gehen Sie – auch oder gerade wenn Sie sich eigentlich nur nach Verkriechen fühlen – auf eine belebte Straße. Gehen Sie aufrecht. Heben Sie den Kopf (stellen Sie sich vor, Sie hätten wie eine Marionette eine Schnur am Scheitel, die den Kopf an seinem höchsten Punkt nach oben zieht), lassen die Schultern locker nach hinten-unten hängen und spannen bei jedem Schritt die Muskeln in Ihren Beinen an. Lächeln Sie und blicken Sie sich neugierig-interessiert-freundlich um.

Wie fühlen Sie sich jetzt im Unterschied zu vorher? Und wie reagieren die Menschen, die Ihnen entgegenkommen?

Die Zeit heilt nicht alle, aber viele Wunden

Die Verarbeitung eines Verlustes lässt sich – wie so vieles im Leben – nicht künstlich beschleunigen. Alles braucht seine Zeit. Gras wächst nicht schneller, wenn man dran zieht. Aber wir können auf günstige Umweltbedingungen achten bzw. Bedingungen schaffen, die die Entwicklung positiv beeinflussen. Wenn wir zum Beispiel für ausreichend Bewässerung sorgen und einen passenden Dünger in angemessener Dosierung verwenden, wird sich die Wahrscheinlichkeit, dass die Graspflanzen gut gedeihen, deutlich erhöhen. Sorgen Sie dafür, dass die Umstände zur Heilung Ihres Schmerzes möglichst heilsame sind.

Trauer hat viele Gesichter

Jeder Mensch trauert anders. Das Leid mag gleichermaßen groß, die Strategien zur Verlustbewältigung können jedoch ganz unterschiedlich sein. Das Spektrum reicht von (mehr oder weniger erfolgreichem) Verdrängen über Flucht in die Arbeit und andere Aktivitäten bis hin zu Tränen und offener Verzweiflung. Wichtig dabei ist: Es gibt kein richtig oder falsch. Alles darf da sein, alles hat seine Berechtigung. Sie selber wissen am besten, was Ihnen gut tut.

In Anlehnung an die weithin bekannten Persönlichkeitsstile hat der Theologieprofessor Michael Schibilsky vier Trauerstile beschrieben, in denen dem Temperament, den Lebenseinstellungen und den Grundorientierungen der Trauernden Beachtung geschenkt wird.

Schauen Sie einmal, in welchem der vier oder in welcher Mischung Sie sich am ehesten wiedererkennen.

Trauerstile
(nach: M. Schibilsky)

Trauerstil A: „Stilles Wasser“
Dieser Mensch ist introvertiert und macht viel mit sich selbst aus. Er braucht Ruhe, um den eigenen Standort zu finden, bevor er sich anderen (zunächst auch nur vertrauten) Personen gegenüber öffnen kann. Seine Gefühle anderen zu zeigen, kostet ihn Überwindung; er fürchtet, dabei den Boden zu verlieren. Deshalb wirkt er eher unbeteiligt, fast gefühllos, beschreibt Geschehnisse eher sachlich und baut damit Distanz zu anderen Menschen auf. In der Trauer leidet diese Person besonders darunter, sich selbst nicht mehr zu verstehen.

- Hilfreich: Eigenständigkeit respektieren, Raum lassen, Literaturhinweise
- Risiko: Vereinsamung

Trauerstil B: „Trägt das Herz auf der Zunge“
Diese Person zeigt viel Gefühl, Erschütterung und Fassungslosigkeit. Sie sucht den Kontakt und öffnet sich anderen gegenüber schnell. Sie braucht den Austausch mit anderen, um den eigenen Standpunkt zu finden. Kümmert sich auch um andere. Diese Person findet das „Ich“ im „Du“, sie leidet besonders darunter, allein zu sein.

- Hilfreich: Bestätigung, Austausch
- Risiko: Abhängigkeit vom Helfer, Überforderung des Helfers

Trauerstil C: „So bin ich und so bleibe ich“
Hier steht das Bewahren im Vordergrund. Veränderung wird eher als beängstigend empfunden. Dieser Mensch

hängt an Vertrautem, schätzt Tradition und Ordnung. Kontrolle ist ihm wichtig, weil sie Sicherheit vermittelt. Dieser Mensch leidet besonders unter unvorhersehbaren Veränderungen seines Lebensumfelds und der Angst, zu vergessen.

- Hilfreich: Rituale, Struktur, Verlässlichkeit
- Risiko: Erstarrung

Trauerstil D: „Gestern war gestern, heut' ist heut'"
Hier wird Veränderung gesucht. Diese Person ist flexibel und kann sich schnell neuen Situationen anpassen. Sie reagiert mit Neugier auf Anregung von außen und wirkt dabei manchmal chaotisch, sprunghaft und oberflächlich. Es gibt immer wieder Abstürze, aber es geht auch immer wieder aufwärts. Gefürchtet wird hier Stagnation, Stillstand und Endgültigkeit.

- Hilfreich: Nicht bremsen, Abgrenzung üben
- Risiko: Vermeidung, Flucht in Ablenkung

Wenn Partner unterschiedlich trauern

Trauer und Kummer können Paare zusammenschweißen. Dann sind sie sich gegenseitig Stütze, und ihre Liebe wächst sogar. Nicht selten kommt es aber auch vor, dass Partner um ein verlorenes Tier ganz unterschiedlich trauern. Das kann natürlich damit zusammenhängen, dass der Verstorbene für den einen Partner eine ungleich größere Bedeutung hatte. Der andere kann nicht nachvollziehen, dass für einen buchstäblich eine Welt zusammengebrochen ist.

Es kann aber auch sein, dass beide Partner einfach unterschiedlich trauern. So kommt es vor, dass ein Partner rasch wieder ein neues Tier haben möchte, während dies für den anderen einen Verrat am Verstorbenen bedeuten würde. Sprechen Sie mit Ihrem Partner offen darüber, bevor Sie sich zu einem solchen Schritt entschließen. Ich kenne Fälle, in denen ein Partner, um den anderen zu trösten, ohne dessen Wissen ein neues Tier – vielleicht sogar ein dem Verstorbenen äußerlich ähnliches – ins Haus holte. Das kann natürlich gutgehen; häufig jedoch führt es zu massiver Überforderung des Nicht-Gefragten, zu dem Gefühl, in seiner Trauer nicht ernstgenommen zu werden (für den Verstorbenen gibt es nunmal keinen Ersatz!), und auch dazu, dass das neue Tier keinen freudigen Empfang erfährt und – vielleicht zeitlebens – eben ein „Ersatz-Dasein" fristen muss.

Lassen ist mehr als Loslassen

Trauerarbeit ist nach Jochen Jülicher eine Arbeit der Seele, die man unterstützen, aber auch blockieren kann, die sich aber nicht mit dem Willen und dem Verstand steuern lässt. Vieles ist kein „Tun", sondern eher ein „Lassen", und das fällt den meisten Menschen sehr viel schwerer als Aktionismus.

Es liegt mir fern, geschlechtsspezifische Kategorisierungen vorzunehmen, aber weithin ist es bis heute tatsächlich so, dass Männer aufgrund der unterschiedlichen Sozialisation und gesellschaftlichen Rollenzuschreibungen in einigen Punkten oftmals anders mit Trauer umgehen als Frauen.

Bitte bedenken Sie: Zeigt Ihr Partner (egal ob Mann oder Frau) seine Trauer nicht offensichtlich, bedeutet das nicht, dass er nicht um den gemeinsamen Verlust trauert. Er geht höchstwahrscheinlich nur anders damit um – vielleicht schweigsamer. Manche Menschen trauern eher im Verborgenen. Wenn Sie selbst Redebedürfnis haben, sprechen Sie Ihren Partner offen darauf an. Sagen Sie, was Sie sich wünschen, was Sie meinen, was Ihnen jetzt gut tun würde. Akzeptieren Sie gegebenenfalls, dass Ihr Partner nicht darüber reden möchte oder einfach anders damit umgeht. Bestimmt finden Sie in diesem Fall andere Menschen, die bereit sind, Ihnen und Ihrem Kummer ein offenes Ohr zu schenken.

Wichtig ist, dass Sie und Ihr Partner im Gespräch bleiben, dass Sie sich austauschen. Sonst besteht tatsächlich die Gefahr, dass Sie sich auseinanderleben und im schlimmsten Fall zum Verlust des geliebten Tiers auch noch der Verlust Ihrer Beziehung kommt.

Kindertrauer

Kinder trauern anders als Erwachsene. Wie sie mit dem Tod umgehen, ist abhängig von ihrem Alter und natürlich der Beziehung, die sie zu dem Verstorbenen hatten. Auch für Kinder ist der Tod schmerzvoll, doch je nach ihrem Alter fehlt ihnen noch der Begriff von Zeit und Endgültigkeit.

Sprechen Sie mit Ihren Kindern offen darüber, dass das geliebte Tier gestorben ist. Machen Sie dabei deutlich, dass es in Ordnung ist, um den Verstorbenen zu trauern und dabei Gefühle zu zeigen. Vermeiden Sie das Wort „eingeschlafen“, weil es dazu verführt zu denken, der Verstorbene werde ja wieder aufwachen und dann wieder da sein.

Seien Sie ehrlich, was Ihre eigenen Gefühle hinsichtlich des Todes angeht. Auch wenn Kinder mit Wut und Aggression reagieren, lassen Sie sie mit dem Erlebten nicht allein.

Soll das Tier eingeschläfert werden, sprechen Sie auch darüber offen mit Ihrem Kind und geben Sie ihm die Möglichkeit, sich angemessen von ihm zu verabschieden.

Rituale helfen erfahrungsgemäß gerade Kindern, von einem Gefährten Abschied zu nehmen.

Gestalten Sie beispielsweise eine schöne Trauerfeier, bei deren Planung Sie das Kind einbeziehen und dessen Wünsche – soweit realistisch – unbedingt berücksichtigen.

Fragt Ihr Kind, wo Hansi, Conny oder Schnäuzchen denn nun sei, könnten Sie beispielsweise zurückfragen: Was glaubst du denn? (vielleicht im Himmel ...) Regen Sie an, dass Ihr Kind einen Abschiedsbrief schreibt und/oder ein Bild malt (zum Beispiel ein Bild von dem Verstorbenen „im Himmel oder wo immer er jetzt ist“). Nehmen Sie Kindern ihre Bilder nicht, sondern formen sie, falls überhaupt nötig, höchstens achtsam um und bieten leise Veränderungen an. Und bestätigen Sie, dass es dem Verstorbenen gut geht: „Hansi ist dort gut aufgehoben.“

Generell ist es hilfreich, Alltagsstrukturen aufrechtzuerhalten. Schließen Sie, falls ein solches bei Ihnen üblich ist, den Verstorbenen in das Abendgebet ein.

Es gibt zahlreiche Kinderbücher, die sich dem jeweiligen Alter entsprechend mit dem Thema befassen. Erkundigen Sie sich in einer Buchhandlung oder recherchieren Sie im Internet. Schauen Sie sich die Bücher jedoch unbedingt an, bevor Sie sie Ihrem Kind in die Hand geben. In Zweifelsfällen können Sie auch den Kinderarzt fragen oder sich an einen Trauerbegleiter wenden, der auf die die Trauer von Kindern und Jugendlichen spezialisiert ist.

Der Tod eines Tieres bedeutet für Kinder oft den ersten Kontakt mit der Vergänglichkeit des Lebens. Verständlicherweise wollen Eltern ihre Kinder so lange wie möglich davor bewahren. Gleichzeitig bietet diese Erfahrung Kindern die Möglichkeit, Kompetenz im Umgang mit Verlusten zu erlangen, die ihnen im Laufe des Lebens unweigerlich widerfahren werden.

Sie selbst kennen Ihr Kind am besten und können vermutlich einschätzen, was es in dieser Situation am meisten brauchen könnte. Fragen Sie aber sicherheitshalber immer nach. Auch kleine Kinder haben schon ein gutes Gefühl dafür, was ihnen gut tut und was eher nicht.

Auch andere Tiere trauern

Auch andere Tiere können nach dem Tod ihres Gefährten Trauersymptome entwickeln. Sollte Ihr Tier die Nahrung verweigern oder auffällige Verhaltensänderungen zeigen, beispielsweise aggressiv, apathisch, lustlos oder unruhig sein, sprechen Sie darüber mit Ihrem Tierarzt.

Wichtig: Geben Sie dem Tier die Möglichkeit, sich von seinem verstorbenen Gefährten zu verabschieden, d.h. verstecken Sie den Leichnam nicht vor ihm, sondern geben Sie ihm ausreichend Gelegenheit, den Verstorbenen zu beschnuppern etc. Im Normalfall sucht das hinterbliebene Tier seinen Gefährten, der nicht mehr da ist, dann auch nicht mehr lange. Vertrauen Sie auf die Natur: Gesunde Tiere haben ein gesundes Verhältnis zum Tod.

Zeit
allein heilt
gar nichts. Doch
jede Heilung braucht ihre
Zeit

Übungen

Buntes Wortgemälde

Diese Übung ist auch besonders gut für Kinder geeignet, die bereits lesen und schreiben können. Mit kleineren Kindern, die des Schreibens noch nicht mächtig sind, notieren Sie die Begriffe (s.u.) und lassen dann dazu passende Abbildungen malen.

Besonders schön ist es, diese Übung gemeinsam im ganzen Familienkreis zu machen.

Sie brauchen für das Wortgemälde pro Person einen Notizzettel sowie einen größeren Bogen Zeichenpapier und bunte Wachsmalkreiden; alternativ oder ergänzend können Sie auch Wörter – oder Buchstaben, die Sie dann zu Wörtern zusammensetzen – aus Zeitschriften ausschneiden.

In einem ersten Schritt schreiben Sie auf das Notizpapier Eigenschaften, die Sie mit dem Verstorbenen verbinden, vielleicht auch Ortsnamen oder andere Dinge, die an schöne verbindende Erlebnisse erinnern.

Malen oder basteln Sie dann eine Collage aus den einzelnen Wörtern. Verwenden Sie unterschiedliche Farben; je bunter das Bild, desto lebendiger wirkt es.

Einen Abschiedsbrief schreiben

Schreiben Sie einen Brief an den verlorenen Gefährten, in dem Sie ihm erzählen, wie es Ihnen geht, und in dem sich für alles bedanken, das Sie mit ihm Schönes erlebt haben, ohne die weniger angenehmen oder schwierigen Momente zu unterschlagen.

Sie können den Brief beispielsweise mit den Worten beginnen: „Ich denke an dich und erinnere mich daran, wie …“ Lassen Sie sich überraschen, was Ihnen alles aus der Feder fließt.

Wählen Sie für diesen Brief ein besonders schönes Briefpapier oder schreiben Sie ihn direkt in Ihr Trauer-/Erinnerungsbuch.

Einen Nachruf verfassen

In der Zeitung lesen wir häufig Nachrufe auf berühmte Verstorbene.

Gedenken Sie Ihres Gefährten, indem Sie für ihn einen entsprechenden Nachruf formulieren.

Ein paar Fragen zur Anregung:

- Was war dem Verstorbenen wichtig?
- Was waren seine wertvollsten Eigenschaften?
- Wie wurde von ihm Abschied genommen?
- Was hat er der Nachwelt hinterlassen?

Wer möchte, kann den Nachruf an gute Freunde verteilen und/oder ihn, ebenso wie die auf Seite 175 beschriebene Traueranzeige, in einem passenden Internetforum (siehe auch Seite 170) veröffentlichen.

Fragen für die Selbstreflexion / Ihr Trauer-/Erinnerungsbuch:

- Was war für mich in diesem Kapitel besonders hilfreich?
- Welche Erfahrungen habe ich gemacht, wenn ich versuche, (auch unangenehme) Gefühle bewusst anzunehmen?
- Wer und wie bin ich durch den Verlust und die Trauer bisher geworden?
- Wer und wie will ich nach dem Verlust und der Trauer sein?
- Was hat mir in vergangenen Zeiten geholfen, mit schwierigen, schweren Situationen umzugehen?

Trauer
ist überall
überschattet mein Leben
Sie ist immer da
Trauer

Wie es andere erlebten …

Trauer ja – Schuldgefühle vermeiden

Meine Hilfe, um mit der Trauer umgehen zu können, fängt lange vor dem Ableben des Gefährten an – so es sich um ein Tier handelt, das weder plötzlich verunglückt noch verschwunden ist.

Bei kranken oder alten Tieren lieber den Tierarzt einmal zu viel als zu wenig konsultieren. Am besten, man findet einen Veterinär, der auch Hausbesuche macht. Ich habe versucht, meine Tiere nicht unnötig leiden zu lassen, d.h. einen Tierarzt an meiner Seite zu haben, der nicht gleich mit der Spritze zur Hand ist, sondern alles versucht, um meinem Tier auch in Krankheit oder Alter das Hiersein noch lebenswert zu machen. Der aber auch ehrlich sagt, wenn der Tag gekommen ist.

Ich hatte das Glück, dass alle meine Hunde bei mir in meinen Armen waren und ich bis zum letzten Moment mit ihnen reden konnte. Gefährlich sind meines Erachtens wohlmeinende „Esoteriker“, die versuchen einem einzureden, dass unsere Gefährten uns das Einschläfern übelnehmen würden.

Die Trauer wird etwas erträglicher durch die Dankbarkeit, dass man ein so liebendes Wesen an seiner Seite haben durfte. Schuldgefühle verhindern diesen Trost.

Am besten haben mir Menschen getan, die selbst wissen, wie sich dieser Verlust anfühlt, und mir ihre Zeit zum Reden und Zuhören geschenkt haben. Und das Streicheln anderer Tiere, ob bei Freunden oder auf der Straße. Und das Zulassen, wenn es weh tut. Irgendwann gesellt sich das Lächeln der Erinnerung zu unserem Schmerz.

Solange Vigny, München

Dolly: If there are no horses in heaven, I ain't going

Dolly war ein großes, stattliches Pferd. Braun mit schwarzer Mähne schritt sie stolz durch ihr Pferdeleben. Als sie zu mir kam, war sie fast noch kindlich und manchmal schüchtern hinter ihrer Mutter, so sieht man es auf Fotos aus dieser Zeit. Aber sie ist gewachsen, wurde erwachsen und selbstbewusst. Immer vorne dran, präsent und hoch erhobenen Hauptes.

Bis zu dem Tag im Herbst, als eine schlimme Kolik kam. Es war furchtbar. Zunehmend starke Schmerzen haben sie gequält, zweimal war der Tierarzt da, aber es wurde nicht besser, und mitten in der Nacht habe ich sie in die Klinik transportiert. Sie hatte keine Kraft mehr, sich auf den Beinen zu halten. Es war eine lange und schwierige Operation, und nach dem Aufwachen war sie ein zitterndes, hilfloses Häufchen Elend. Aber sie wollte tapfer sein, kämpfen und wieder stolz den Reiter tragen.

Doch die Nähte in ihrem Bauch haben nicht gehalten. Ich habe gemerkt, dass ihr Kopf immer mehr nach unten sank, langsam, über viele Stunden hinweg. Hatte sie mich vormittags noch mit Aufschauen begrüßt, stützte sie mittags die Nase auf meinem Bauch ab, und am Abend hielt sie den Kopf nur noch tief über dem Boden. Zuerst hielt ich es für Erschöpfung und Müdigkeit, aber irgendwie ahnte ich, dass es etwas anderes war.

Als mitten in der Nacht der Anruf der Klinik kam, sprang ich sofort ins Auto. Auf dem Weg dorthin ist mir nur eine Zeile eines Liedes aus dem Autoradio im Gedächtnis: „… if I saw you in heaven…“, da wusste ich, dass es zu Ende geht. Ich habe Dolly begleitet, ihren Kopf gehalten und sie gestreichelt, bis ihre Augen zufielen. Ich bin unendlich traurig, aber vor meinem inneren Auge sehe ich sie über eine grüne Wiese galoppieren, hoch erhobenen Hauptes, mit wehender Mähne, und ich denke an den alten Kühlschrankspruch: *If there are no horses in heaven, I ain't going*

Doris Semmelmann, München

Trauerbericht über den tragischen Tod meines Hundes Thommy

Ich bin mit Hunden unterschiedlichster Rassen aufgewachsen. Sie waren von Kindheit an meine besten Freunde und Seelentröster. Die bedingungslose Liebe eines Hundes und seine Treue bedeuten mir sehr viel und geben mir Kraft, um mein Leben besser zu meistern.

Vor einigen Jahren hatte ich von meinem damaligen Mann einen jungen, acht Wochen alten Westhigland-Terrier-Rüden geschenkt bekommen, der mir helfen sollte, über den Tod von meinem bisherigen Hund, der wegen Krebs eingeschläfert werden musste, hinwegzukommen. Thommy, wie wir ihn nannten, war von Anfang an ein sehr selbstbewusster Westie, der mit seinen liebenswerten Eigenschaften und seiner mutigen individuellen Art ein sehr besonders kluger und mutiger, neugieriger Hund war. Er rollte sich immer zwischen meinen Füßen ein und benutzte meine Füße wie ein Nest, wohl weil er sich dort so geborgen fühlte. Wenn ich tagsüber beruflich unterwegs war, schlief er im Schuhregal auf meinen Schuhen. Er war ein besonders schöner und großer Westie.

Am Abend vor seinem tragischen Ende war ich ausführlich mit ihm spazieren, und er lernte mit seinen sieben Monaten zum ersten Mal sein Bein zu heben, was er dann auch gleich an jeder Ecke im Stadtteil ausprobierte.

Ich lebte damals mit meinem (inzwischen Ex-) Mann und dessen zu diesem Zeitpunkt neunjährigen Sohn Robert (Name geändert) zusammen, der auch sehr an Thommy hing. Mit Robert zusammen hatten wir seinen Namen ausgesucht und Thommy auch mit ihm bei der Züchterin abgeholt. Die Züchterin redete lange mit meinem Stiefsohn, um ihn über die Verantwortung im Umgang mit Tieren aufzuklären.

Auch ich führte zu Hause viele Gespräche, um Robert den Umgang mit einem jungen Welpen nahezubringen.

Aber leider sollte sich mein Vertrauen oder aber meine zu hohe Erwartung als tragischer, ja tödlicher Irrtum herausstellen.

Ich plante mit meinem Ex-Mann zu verreisen (sein Geburtstagsgeschenk für mich). Wir hatten schon gepackt, der Onkel von Robert befand sich auf der Anreise, um Robert und Thommy für drei Tage zu versorgen. Robert fragte mich, ob er mit Thommy vor unserer Abreise nochmal kurz rausgehen dürfe.

Ich bat ihn eindringlich, Thommy nicht von der Leine zu lassen, da der Rüde noch ungestüm war und draußen (Winter, Schnee und Eis) viele Gefahren drohen. Mein Stiefsohn versicherte mir, dass er den jungen Hund auf keinen Fall von der Leine lassen würde, und verließ mit meinem Thommy das Haus. Ich packte weiter die Sachen für den Kurzurlaub und bereitete alles für die Reise vor. Nach einer halben Stunde schaute ich immer wieder beunruhigt auf die Uhr. Irgendwie breitete sich eine Panik in mir aus – so als ob meine Seele das Unheil spürte. Ich sah Thommy vor mir, wie er den letzten Abend vor Willys (mein eingeschläferter Hund) Grab stand, als ob er mit ihm sprechen würde.

Dann hörte ich die Feuerwehrsirenen, und ich ahnte, das was Furchtbares passiert war. Kurze Zeit später klingelte es an der Haustür, und unser Nachbar stand aufgeregt vor der Tür.

Er erzählte, dass Thommy auf dem Eis des nahegelegen Ententeichs eingebrochen sei, Robert gehe es den Umständen entsprechen gut, aber Thommy … Die Feuerwehr konnte ihn nicht retten …

Mein Ex-Mann rannte sofort mit meiner Tochter zusammen zum Ententeich, ich selber war wie vor Schreck erstarrt und unfähig, in irgendeiner Form zu reagieren.

Eine Stunde später brachten Polizisten mir meinen toten Thommy – ertrunken – er sah aus, als ob er schliefe, obwohl er schrecklich gekämpft und gelitten haben muss.

Wenn ich diese Zeilen schreibe, laufen mir wieder die Tränen ins Gesicht, weil dieser tragische Tod mich bis ins Mark erschüttert hat. Die Polizistin setzte sich eine Stunde zu mir, um mit mir zu sprechen, und versuchte, mich irgendwie zu trösten.

Aber lange, sehr lange habe ich gebraucht, diesen Tod zu überwinden. Mich quälten Selbstvorwürfe, dass ich einem Kind, das unter diesem schrecklichen Ereignis natürlich auch sehr gelitten hatte, die Verantwortung für einen jungen Hund zugemutet hatte. Am meisten quälte mich der Gedanke, dass Thommy, der so lebensfroh war, wegen einer Unachtsamkeit nicht leben durfte. Ganz schlimm und unerträglich ist bis heute der Gedanke, dass er so gekämpft haben muss, um vom Eis ans Ufer zu gelangen, und es ihm nicht gelungen ist und ich ihn nicht retten konnte, weil es zu spät war. Heute noch träume ich von Thommy, und jedes Mal ist mein Kissen dann nass vor Tränen.

Lange Zeit brannte eine Kerze auf Thommys Grab, Tag und Nacht. Mir half die Vorstellung, dass er nicht alleine im „Hundehimmel" ist, dass mein geliebter Willy bei ihm ist, den er ja am Abend vor seinem eigenen Tod noch am Grab besucht hatte. Auch half mir das Buch „Wenn sie wiederkommen"… (Reinkarnation von Tieren, Erfahrungsberichte) zur Trauerbewältigung.

Jetzt habe ich wieder eine sehr treue zugewandte Westiehündin, Ronja. Sie kann Thommy nicht ersetzen, aber sie hilft mir, gerade nach meiner Scheidung, mit ihrer Liebe, ein neues Leben zu beginnen.

Viele Menschen sagen, es war ja nur ein Tier. Ich selber habe eine ganz andere Meinung davon. Tiere, gerade Hunde und Katzen, sind Familienmitglieder, die zu einem gehören und einen begleiten und oft ein tieferes Verstehen als Menschen haben.

Ulrike Kirchner, Heidelberg

Mima, Titus und Penelope

Sie war schon lange vor ihm da, Mima, diese zickige Schönheit mit den hinreißenden blauen Augen. Er war von der ersten Sekunde an von ihr verzaubert, aber sie überhaupt nicht von ihm. Er trat in diesem Haus die Nachfolge unseres schwarzen Onyx und des roten Cäsars an, und damit er seinen Vorgängern alle Ehre machte, verpasste ich ihm den Namen eines römisches Kaisers, und sein bisheriger alberner Name und auch sein bisheriges trauriges Leben war Geschichte.

Nur, unser Titus war kein römischer Imperator. Er war ein Entertainer, der mich, meinen Mann und seine Umwelt immer wieder zum Lachen brachte, und wegen seiner Vorliebe für frische Schlagsahne wurde er von uns beiden irgendwann nur noch „Das Sahnehäubchen“ gerufen. Titus musste sich anfangs verdammt viel Mühe geben, um von der Thai-Prinzessin mit dem feinen Nervenkostüm akzeptiert zu werden. Doch es dauerte nur einige Wochen und die beiden waren zu unserer Erleichterung und Freude viele Jahre ein unschlagbares Team, bis die zauberhafte Prinzessin nach schwerer Krankheit von uns ging.

Kurz darauf wurde unser römischer „Kaiser“ Adoptivpapa von zwei kleinen Griechen. Er nahm seine Aufgabe sehr ernst, denn sie wuchsen zu prächtigen wundervollen Katzen heran. Aber irgendwann hieß es auch für ihn, Abschied zu nehmen. Jetzt sind Mima Delilah und er wieder das unschlagbare Team, und vor einem Jahr folgte ihnen das kleine schwarze Adoptivkind Penelope noch viel zu früh ins Regenbogenland. Wir danken unseren pelzigen Familienmitgliedern für die schöne Zeit, die wir mit ihnen hatten und werden sie niemals vergessen!

Aber wir vergessen auch nicht den schmerzlichen Verlust. Bei jedem von ihnen haben wir den Abschied rechtzeitig kommen sehen und konnten uns darauf vorbereiten. Der tapfere rote Cäsar, der schwarze Straßengangster Onyx – Schrecken aller Hunde –, die Seelenkatze Mima – die bezaubernde Siamesin, die meine Seelenkatze war, unsere kleine schwarze Knutschkugel Penelope – die zwar keine Teppiche wie ihre Namensvettern gewebt hat, sie aber mit Freuden auftrennte, und auch natürlich das geliebte Sahnehäubchen!

Jeder Gang zum Tierarzt war so grauenvoll, auch wenn wir wussten, dass er unsere geliebten Tiere von ihren Qualen erlösen würde. Wir haben jedes von ihnen bis zum Ende in unseren Armen gehalten – es hat so wehgetan. Nein, man gewöhnt sich nie daran. Und trotzdem überwiegt letztendlich die Freude und das Glück, das wir mit allen hatten, und wir wissen, dass wir alle uns irgendwann einmal wieder sehen werden!

Wir lieben sie und schicken tausend Sterne über die Regenbogenbrücke.

Ilona Arfaoui, Stuttgart
(sowie die Fellchen Zorbas, Maia, Calypso und Colette – mögen diese vier noch lange bei uns bleiben)

Inseln schaffen. Momente der Trauerfreiheit

Viertes Treffen der Trauergruppe

Die heutige, vierte Zusammenkunft unserer Gruppe steht unter dem Motto „Inseln schaffen – Momente der Freude entdecken“, und wir wollen gemeinsam herausfinden, wie wir es bewerkstelligen können, zumindest zeitweise wieder etwas Freude zu spüren. Nach der Befindlichkeitsrunde frage ich die Teilnehmer, in welchen Situationen sie denn – trotz ihres schweren Verlustes – noch oder wieder so etwas wie Lebenslust empfinden.

Christoph, der generell sehr ruhig wirkt und sich in den bisherigen Sitzungen mit Beiträgen zurückgehalten hat, meldet sich spontan zu Wort, fast klingt er ein bisschen aggressiv: „Wie kann ich mich jemals wieder an irgendwas freuen, wo ich doch meinen Manni auf dem Gewissen habe!“ Nachfragen der anderen Teilnehmer entlocken ihm schließlich seine leidvollen Erlebnisse: Sein über alles geliebter Kater war eine reine Wohnungskatze gewesen – Christoph hätte es nicht ausgehalten, ihn draußen zu wissen, in der „feindlichen“ Welt, die schließlich voller Gefahren für Vierpföter ist. Da er zu Hause arbeitet, war Manni selten allein, die beiden waren seit Jahren ein eingeschworenes Team, ein „Zwei-Männer-Haushalt“. Vor einigen Wochen hatte er nach dem Duschen das Badfenster seiner Erdgeschosswohnung gekippt und dann wohl vergessen, die Badezimmertür zu schließen. Bei seiner Rückkehr vom rituellen Semmelnholen (Manni bekam jeden Morgen eine in kleine Häppchen geschnittene halbe Semmel mit Sardellenpaste, die er genüsslich beim gemeinsamen Frühstück verspeiste) fand er seinen Kater darin eingeklemmt, nur noch schwach zappelnd und leise weinend. Die Geschichte endete tragisch. Manni konnte befreit werden, hatte aber massive innere Verletzungen erlitten und überlebte die anschließende Notoperation nicht. „Ohne Manni ist alles sinnlos!" Vorsichtig frage ich, was Christoph denn überhaupt noch interessiere, was ihm die nötige Energie zum Weitermachen gibt. Er kommt ins Nachdenken. „Meine Arbeit", sagt er schließlich, und seine Züge hellen sich etwas auf. Zum ersten Mal seit wir zusammenkommen, bringt er sogar ein Lächeln zustande, als er sagt: „Letzte Woche habe ich ein wirklich schwieriges berufliches Projekt abgeschlossen, das war schön."

Zunächst zögerlich, dann aber mit zunehmender Lebendigkeit, überlegen die anderen Gruppenmitglieder, woran sie noch oder wieder Freude haben. Es sind zumeist Kleinigkeiten, aber mit Unterstützung der anderen bzw. der einen oder anderen Übung findet tatsächlich jeder etwas, was seine Miene aufhellt.

Magdalena erzählt von ihrer ehrenamtlichen Tätigkeit in der Mittagsbetreuung, Elfriede von einer „doch herrlichen Bergtour"; Klaus entsinnt sich – mühsam, aber immerhin – „recht lustiger Stunden" bei einem Schafkopfabend mit ehemaligen Studienkollegen; Brigitte hat sich von Freunden zu einem „überraschend netten Kinoabend" überreden lassen. Lisa berichtet von einem spannenden neuen Aufgabengebiet in der Arbeit, Gerlinde von ihrem Yogakurs, Fabian von seinen morgendlichen Joggingrunden, gerade heute habe er zum ersten Mal wieder bewusst das Vogelgezwitscher gehört und ein Eichkätzchen beobachtet ...

Fast ein wenig erstaunt schließen wir die Sitzung mit der Erkenntnis, dass jeder tatsächlich auch jetzt schon seine „Inseln" hat, Zeiten und Orte, die, wenn auch nur punktuell, weitgehend frei sind von Trauer.

Ablenkung und körperliche Aktivität können Trauer kurzzeitig erleichtern, das ist den Teilnehmern wieder bewusst geworden. Vor allem jedoch ist ihnen wieder bewusst geworden, dass sie selbst Einfluss auf ihre Befindlichkeit haben. Vielleicht noch nicht im gewünschten Ausmaß, aber doch immerhin Einfluss. Bis zum nächsten Mal wollen sie ganz konkret auch mit den Übungen gegen Gedankenkreisen und Grübelblues experimentieren (siehe Seite 118ff.).

Inseln in einem Meer von Trauer

Trauer ist anstrengend, sie ist mehr als ein Gefühl, sie erfasst den Menschen total, sie ist egozentrisch und braucht Raum und Zeit. Trauer im Rahmen von kleinen Ritualen auf bestimmte Räume und Zeiten zu begrenzen, kann einen wichtigen Schritt zu einer erfolgreichen Verlustbewältigung darstellen.

Die meisten Menschen, die einen schweren Verlust erlitten haben, meinen, von Trauer regelrecht überflutet zu werden oder von einem Meer von Trauer umgeben zu sein. Am Anfang ist kein trockener Ort zu erkennen. In diesen Zeiten geht es lediglich darum, in der Flut schmerzhafter Gefühle nicht zu ertrinken. Dann jedoch bilden sich allmählich Inseln.

Das Bild der Insel ist dabei zweifach zu verstehen: Zum einen, vor allem anfangs, geht es darum, *Inseln der Trauerfreiheit* zu finden. Ablenkung und körperliche Aktivität sind hier die bewährtesten Methoden. Zum anderen, meist etwas später im Prozess der Verlustbewältigung, können *Inseln der Trauer* die übrige Zeit aushaltbarer machen. Je besser es gelingt, Räume und Zeiten der Trauer von Räumen und Zeiten der Trauerfreiheit zu trennen, umso leichter werden intensive Trauerreaktionen erträglich, da zumindest ein vorübergehendes Ende abzusehen ist.

Eine Begrenzung der Trauer auf eine bestimmte Zeit bzw. einen bestimmten Ort ist übrigens keine Verdrängung, sondern eher eine Verdichtung, die dazu beiträgt, in (weitgehend) trauerfreien Intervallen Kräfte zu sammeln, um andernorts und zu einer anderen Zeit umso intensiver zu trauern.

Inseln entstehen von selbst, wir müssen sie aber auch *sehen* – und wir können sie uns ein Stück weit schaffen und vergrößern!

Gedicht-Therapie

Über die heilende Wirkung des Schreibens haben wir schon gesprochen, und eine sehr schöne, poetische Methode ist „poetry therapy", also Gedicht-Therapie.

Auch wer meint, nicht zum Dichter berufen zu sein, wird mit der folgenden, einfachen Variante des so genannten Elfchens gewiss gut zurechtkommen. Die Bezeichnung Elfchen rührt übrigens daher, dass diese Form immer genau elf Worte umfasst, die in einer bestimmten Anordnung aufgeschrieben werden.

Elfchen

Wort 1
Wort 2 Wort 3
Wort 4 Wort 5 Wort 6
Wort 7 Wort 8 Wort 9 Wort 10
Wort 11

Wichtig: Wort 1 und Wort 11 sollten identisch sein.

Ob Sie aus dem Ganzen einen Satz oder mehrere formulieren oder ob Sie einfach Wörter aneinanderreihen, spielt keine Rolle

Als Anregung: Verwenden Sie als Wort 1 (und gleichzeitig als Wort 11) Begriffe wie:

Trauer
Hoffnung
Liebe
Zuversicht
den Namen des Verstorbenen

Auf den Seiten 33, 64, 98, 101, 122 finden Sie einige Elfchen, die im Rahmen meiner Trauerbegleitertätigkeit entstanden. Schlagen Sie diese Seiten aber vielleicht erst nochmals auf, nachdem Sie selbst etwas formuliert haben, da diese Ihre Gedanken möglicherweise zu stark lenken. Aber, mein Standardsatz, den Sie inzwischen schon kennen: Sie wissen selbst am besten, was Ihnen momentan gut tut.

Wer mag, kann sich natürlich auch an komplexeren Versformen versuchen, beispielsweise einem Sonett.

Ein Sonett besteht aus 14 metrisch gegliederten Verszeilen, die in der Originalform in vier kurze Strophen eingeteilt sind: zwei Quartette und zwei sich daran anschließende Terzette.

Das klassische Sonett hat das Reimschema:
abba – abba – cdc – dcd
oder: abba – cddc – eef – ggf

Für die beiden Terzette gab es immer schon viele Varianten, beispielsweise

abba – abba – ccd – eed
abba – abba – cde – cde
abba – abba – ccd – dee
abba – abba – cde – ecd

Das englische oder Shakespeare-Sonett setzt sich aus drei Quartetten und einem Terzett zusammen und reimt:
abab – cdcd – efef – gg

Es muss nicht betont werden, dass gerade aus Gefühlen der Trauer heraus viele große Kunstwerke entstanden. Die Beschäftigung mit der Gedichttherapie ist ein wunderbarer Weg, die eigene Trauer zu sublimieren, sie in ein anderes Licht zu rücken bzw. sie in kreative Bahnen zu lenken.

Gedankenkreisen & Grübelblues

Beim Grübeln kreisen die Gedanken unentwegt um dasselbe, negative, traurige Ereignis, alles scheint immer schlimmer zu werden: keine Lösung, kein Licht am Ende des Tunnels in Sicht. Grübeleien verschlimmern das Befinden dadurch, dass sie einem über den eigentlichen Trauerschmerz hinaus auch noch das Gefühl geben, sich selbst überhaupt nicht mehr im Griff zu haben, d.h. Selbstwert- und Selbstwirksamkeitsgefühl leiden massiv.

Die folgenden drei Methoden können helfen, gerade das Selbstwirksamkeitsgefühl wieder zu erhöhen. Der Grübel-Stopp ist dazu gedacht, den schmerzvollen Kreislauf überhaupt erst einmal zu unterbrechen; Grübel-Zeit und Grübel-Stuhl schaffen Inseln der Trauer, was insofern hilfreich ist, als man die übrigen Zeiten weitgehend trauer-frei verbringen kann, ohne dabei das Gefühl haben zu müssen, die Trauer, die ja wichtig ist und Raum braucht, beiseite zu schieben.

Grübel-Stopp

Der Grübel- oder Gedankenstopp basiert auf einer verhaltentherapeutischen Technik zum Unterbrechen sich häufig wiederholender belastender Gedanken. Wenn Sie sich beim Grübeln ertappen, stoppen Sie den Gedanken, indem Sie sich in Gedanken ein großes Stoppschild vor Augen halten und laut (oder, wenn Sie nicht allein sind, in Gedanken) „Stopp!"sagen. Allein dadurch unterbrechen wir die unerwünschten Gedanken. Unterstützen lässt sich der Grübel-Stopp, indem man sich ein gewöhnliches Gummiband um das Handgelenk legt und bei unerwünschten Gedanken daran zieht und es dann loslässt, sodass man einen leichten körperlichen Schmerz verspürt. Das verstärkt die ablenkende Wirkung des „Stopp!" noch weiter.

Grübel-Zeit und Grübel-Stuhl

Verlagern Sie Ihre Grübelgedanken ein Stück weit raus aus dem Kopf auf Papier. Legen Sie für jeden Tag einen bestimmten Zeitraum fest, an dem Sie sich ganz auf Ihre Grübelgedanken konzentrieren wollen. Legen Sie dafür ein spezielles Grübelbuch an und notieren Sie Ihre Grübelgedanken. Fragen Sie sich nach jedem Satz, ob Ihre Grübelgedanken hilfreich sind, und notieren Sie auch die Antwort darauf.

Alternativ oder ergänzend können Sie sich auch einen bestimmten Platz in Ihrer Wohnung suchen, den Sie zur Grübelecke ernennen. Wählen Sie dazu einen Stuhl, der weder besonders bequem noch besonders unbequem ist – und bitte nicht Ihren Lieblingssessel. Wann immer Sie nun bemerken, dass die Grübelgedanken in Ihrem Kopf überhand zu nehmen drohen, begeben Sie sich zu diesem Stuhl, setzen sich darauf und geben sich ganz und gar Ihren Grübeleien hin. Sobald Sie merken, dass Ihre Gedanken in eine andere Richtung gehen, verlassen Sie den Grübelstuhl. Sie können, falls das Grübeln wieder einsetzt, ja später wieder auf ihn zurückkehren.

Sollten Sie im Moment keine Zeit dafür haben oder Ihr Grübelstuhl nicht in erreichbare Nähe sein, überlegen Sie, wann ein guter Zeitpunkt wäre, sich dort Ihren Grübelgedanken hinzugeben. Bemühen Sie sich, zu der vorgenommenen Zeit dann wirklich 5 oder 10 Minuten (oder wie lange auch immer Sie dafür eingeplant haben) auf Ihrem Grübelstuhl zu verbringen. Die Erfahrung hat gezeigt, dass man, wenn die terminierte Zeit für den Grübelstuhl näherrückt, diesen dann oft gar nicht mehr braucht, weil man lieber etwas anderes – Positives und Konstruktiveres – tun möchte.

Übungen

Fünf Körbe der Trauer

(nach R. Smeling)

Schreiben Sie auf ein Blatt Papier oder in Ihr Trauer-/ Erinnerungsbuch untereinander und mit reichlich Abstand die Wörter:

- Tragen
- Aushalten
- Neu lernen
- Loslassen
- Wandeln

Füllen Sie dann diese „Körbe der Trauer" mit Ihren eigenen Worten:

Tragen:

Nach einem Todesfall gilt es viel zu tragen, zu ertragen, aber auch Dinge, die mich tragen.

- Was trägt mich? (z.B. Rituale, Soziales Netz, Geduld, Glaube ...)
- Was muss ich tragen / ertragen? (z.B. Schuldgefühle, Hilflosigkeit, Sterblichkeit ...)

Aushalten:

Todeserfahrungen sind Grenzerfahrungen. So vieles gilt es jetzt einfach nur auszuhalten.

- Was halte ich noch aus? Was nicht?
- Wer hält mich aus? Wie lange?
- Was gibt mir Halt?

Neu lernen:
Mit dem Tod des Gefährten hat sich ein Vakuum aufgetan, das Leben muss neu strukturiert werden.

- Was habe ich bereits neu gelernt?
- Was muss ich neu lernen?
- Was möchte ich neu lernen?

Loslassen:
Den Sterbenden musste ich gehen lassen.

- Was muss ich mit ihm zusammen loslassen?
- Was muss ich äußerlich loslassen, kann es aber innerlich weiter dasein lassen?

Wandeln:
Ein Todesfall bedeutet Wandel auf vielen Ebenen.

- Wie kann ich mich wandeln?
- Wohin kann ich (räumlich) wandeln?
- Was kann/muss ich wandeln bzw. anpassen, bis es wieder – zum Neuen – passt?

Freude
warst du
in meinem Leben
Möglich auch ohne dich?
Freude

Was tut mit gut?

Setzen Sie sich an einen Platz, an dem Sie sich wohlfühlen, und beschäftigen Sie sich mit Fragen dazu, was Ihnen gut tut. Anfangs sind es meist in erster Linie Ablenkung und körperliche Aktivität, die Erleichterung bringen. Schauen Sie, was Ihnen dazu, aber auch darüber hinaus, einfällt:

- Wie und wo erhole ich mich am besten?
- Was tut mir wirklich gut?
- Was gibt mir Kraft?
- Wer bestärkt mich / unterstützt mich?
- Wer / was tröstet mich?
- Wer / was macht mir Freude?

Meine Tür zum Leben

Malen Sie mit bunten Farbstiften, Kreiden oder Wasserfarben ein Bild Ihrer ganz persönlichen Tür zum Leben.

- Wie sieht diese Türe aus?
- Ist sie groß oder klein?
- Ist es eine Haustüre, eine Wohnungstüre, eine Stalltür, eine Pforte, ein Gartentor, ein Gatter ...?
- Lassen Sie Ihrer Fantasie freien Lauf – es muss keine Tür im klassischen Sinne sein!
- Welche Farbe(n) hat sie?
- Welche Form?
- Ist sie massiv, oder gibt es Fenster oder andere Öffnungen?
- Was liegt hinter der Türe?

Alternativ oder ergänzend können Sie eine Collage gestalten. Richten Sie sich dafür einen Packen alte Zeitschriften und Zeitungen her, dazu Schere und Klebstoff. Verzichten Sie bewusst darauf, Worte einzufügen – auch wenn die Versuchung groß sein mag. Dazu gibt es eine andere Übung (siehe S. 99).

Fragen für die Selbstreflexion / Ihr Trauer-/Erinnerungsbuch:

- Was war für mich in diesem Kapitel besonders hilfreich?
- Wo finde ich *Inseln der Trauer* – Zeiten und Räume, an denen ich meinem Schmerz freien Lauf lassen kann?
- Wann habe ich zum letzten Mal richtig laut geweint/geschrieen?
- Wie ging es mir dabei – und dann direkt im Anschluss?
- Wann war der Schmerz in der letzten Zeit vielleicht etwas weniger überwältigend, etwas besser aushaltbar?
- Wann genau war das?
- Wie waren die äußeren Umstände, als es – und sei es nur geringfügig – besser ging?
- Welche *Inseln der Trauerfreiheit* kenne ich schon?
- Wie könnte ich diese Inseln – zeitlich – vergrößern?
- Welche weiteren Inseln könnte ich mir vorstellen, in der nächsten Woche zu entdecken?

Wie es andere erlebten ...

Wir bleiben untröstlich

Nandu hat die letzte Zeit bei meinem Freund Thomas gelebt, und er war schon lange krank, erst Arthrose, dann undichte Herzklappe, Tumoren an verschiedenen Stellen, fast blind, Analdrüsenirgendwas, Hautkrankheit ...

Er hatte zwei Mal schlimme Phasen, wo wir dachten, er lebt nicht mehr lange, aber dann hat er sich immer nochmal berappelt. Dann erhielt ich einen Anruf, dass es ihm plötzlich wieder schlechter geht.

Ich nahm mir den nächsten Tag frei und bin sofort zu ihm gefahren. Er wirkte sehr schwach, stand kaum mehr auf und wenn er ein paar Schritte ging, dann schwankte er – er macht einen sehr elenden Eindruck, hatte sich selbst kahle Stellen gebissen. Die Medikamente, die er bekam, hatten ihm einige Wochen Besserung beschert, das war jetzt vorbei.

Wir haben mit dem Tierarzt gesprochen, der ihn von den letzten zahlreichen Besuchen gut kannte, und nach Rücksprache mit ihm haben wir uns entschlossen, ihn einschlafen zu lassen, ihn zu erlösen von seiner körperlichen Qual. Wir wünschten, dass der Arzt zu uns kommt und wollten Nandu den Transport und die Aufregung ersparen, aber als der nächste Tag da war, wo dieser kommen sollte, hieß es, dass wir doch zur Praxis kommen sollen, da der Arzt verhindert ist.

Auf dem Weg zur Praxis liefen ununterbrochen die Tränen, ich konnte sie einfach nicht bremsen – ich empfand es als sehr schlimm, zu wissen, dass in Kürze Nandus Leben beendet ist. Ich konnte mich nicht beruhigen. Als wir ankamen, öffnete mein Freund die Heckklappe und hob ihn auf die Straße und plötzlich lief er auf die andere Straßenseite, zog an der Leine und schnupperte im Gras, als ob nichts wäre.

Das war dann das Schlimmste, diesem plötzlich „gesund" wirkenden Hund die Todesspritze geben zu lassen. Er schlief nach der ersten Spritze auch sofort ein, und alles ging schrecklich schnell. Ich habe nur noch geweint und diesmal auch mein Freund – es war alles nur schrecklich. Wir sind dann mit Nandus Körper nach Hause gefahren und haben ihn in den Garten unter einen großen Baum gelegt auf sein Lammfell und fast zwei Stunden bei ihm gesessen und über ihn geredet, wie viel Freude er in unser Leben gebracht hat und wie dankbar wir ihm sind. Immer fiel einem von uns noch eine Geschichte mit ihm ein, die wir uns erzählt haben.

Thomas hat ein tiefes Loch ausgehoben in einer geschützten Ecke des Gartens, von drei Seiten umringt von schönen Büschen, und dort haben wir ihn dann abends beerdigt.

Wir hatten Abschied genommen, und er war von seinen Beschwerden erlöst, aber wir blieben doch untröstlich und nahmen uns damals vor, nie mehr so etwas erleben zu wollen. Wir wollten nie mehr einen Hund haben.

Heute, anderthalb Jahre später, sind wir ein kleines Stückchen offener, können uns vorstellen, dass sich diese Entscheidung vielleicht nochmal ändert ... irgendwann.

Christina Müller, Hamburg

Die letzten Tage von Otto der Katze

Den männlichen Vornamen und das entsprechende Pronomen verdankt Otto die Katze einem frischgebackenen Dr. med. vet., der sich bei der Geschlechtsbestimmung vertan hatte. Ursprünglich ein Hochzeitsgeschenk, überlebte Otto die eheliche Verbindung und fristete seine letzten Tage als Scheidungswaise bei einem der beiden Partner.

27.6.1987

Otto hat Durchfall und spuckt. Mit seinen gut 17 Jahren lebt er jetzt bei Herrchen, zu dem er nie ein besonders enges Verhältnis hatte, für ihn jemand, der gerne vor sich hinpfiff und Gitarre spielte, aber jetzt wenigstens *da* ist.

27.8.1987

5 Uhr 20 morgens. Otto lärmt vor der Schlafzimmertür, will keine Ruhe geben, lockt Herrchen bis in die Diele. Dort liegt eine g`wamperte Maus zum Vorzeigen. Der Jäger wird gelobt, macht sich ans Fressen, schnurrt dabei, 17 Jahr' und eitel wie je.

31.8.1987

Otto bringt um 19 Uhr eine Maus, um 21 Uhr eine Maus und gegen 22 Uhr nochmal eine extra dicke. Alle drei frisst er, bis die Knochen knacken.

2.9.1987

Er maunzt so lange unter dem Fenster, bis Herrchen die Balkontür aufmacht und ihn für die gefangene Maus lobt. Er ist noch glänzend in Form. Glattes Fell, kein Haarausfall. Gesunde Zähne. Großer Appetit. Holt sich eine Maus und stellt sich gleich hernach in der Küche um *Whiskas* an.

20.10.1987

Otto frisst auch breite Nudeln, wenn man sie ihm vom eigenen Teller gibt. Er ist ständiger Gast bei Tisch oder auch *auf* dem Tisch.

20.12.1987

Otto bettelt um Lammfleisch, will aber nicht aufdringlich sein und wirkt tatsächlich etwas verlegen.

24.12.1987

Heiligabend. Herrchens Hand hängt schlaff vom Stuhl. Scheidungsblues. Otto pirscht sich heran und drückt sein Köpfchen gegen den Handrücken wie zum Trost.

9.1.1988

Otto wird für den Rest des Winters zur Oma in die Stadt gebracht samt seinem mit Fell ausgelegten Korbstuhl, der sonst beim Ofen in der Stube steht. Aber er legt sich prompt wieder auf den flachen, mit schwarzem Kunstleder überzogenen Stuhl, den er von früheren Aufenthalten kennt.

16. 1. 1988

Herrchen besucht Oma. Otto mimt den Beleidigten, lässt sich nicht streicheln, lehnt jeden Bissen vom Teller seines Herrchens ab.

24.2.1988

Otto beendet seinen Winterurlaub in der Stadt und kommt aufs Land zurück, klagt und maunzt auf der Fahrt, beschnüffelt aber intensiv das Gelände, untersucht die Ställe, frisst etwas Hack, will dann aber ins Wohnzimmer auf seinen Lieblingsplatz, drückt die Schnauze gegen Tür und Türstock und springt über die Lehne hinweg auf seinen Korbstuhl wie ein Junger.

27.2.1988

Im Alter machen sich mehr und mehr die rezessiven Gene seines trifarbenen Grundcharakters bemerkbar. Das Fell hinter den Ohren und oben an den Hinterläufen wird rostfarben. Mit seinen nun 18 Jahren ist er fidel und guter Dinge. Draußen liegen 30 Zentimeter Schnee, er bleibt im Haus, putzt sich viel, sagt nicht Nein zu einem Stück Rinderlende und verbringt die Abende am liebsten im Schoß seines Herrchens vor dem Fernseher. Lässt sein Gehör nach? Sollte Herrchen den Schneepflug früher gehört haben als er? Oder hatte er ihn längst gehört und gar nicht mehr groß reagiert?

7.3.1988

Der Winter will nicht weichen. Wenn Herrchen nicht da ist, sitzt Otto unter der Lampe; dort ist es wärmer. Wenn man ihn milde schimpft, fängt er an zu schnurren. Wenn Herrchen liest und er hat seine Streicheleinheiten noch nicht bekommen, stupft er mit dem Kopf gegen die Zeitung bis er bekommt, was er will.

18.3.1988

Er schaut sich einen Fernsehfilm über Berglöwen in Idaho an, verliert aber nach einer Weile das Interesse.

26.3.1988

Es taut. Otto macht einige Exkursionen, jagt von der Scheune zum Haus zurück und schließt den Ausflug mit einem Sprung auf die Terrasse ab.

30.3.1988

Otto und Herrchen beim Abendessen. Kabeljau. Draußen auf der Terrasse macht es sich eine fremde Katze gemütlich. Genau auf dem Tisch, der für Otto *off limits* ist.

17.4.1988

Ein ruhiger Sonntag. Otto reagiert nicht, als im *Tatort* eine Katze miaut, aber eine Minute später, als ein Reißverschluss heftig zugezogen wird, merkt er auf.

19.4.1988

Das Wohnzimmer ist sein Heim. Nach dem Frühstück in der Stube hat er nichts Eiligeres zu tun, als sich auf die unterste Stufe der Treppe zu setzen oder zwischen die Geländersparren zu lugen und Herrchen aufzufordern, nach oben zu kommen. „Gemma `nauf" gehört nun zu seinem Wortschatz.

24.4.1988

Kürzlich hat er sich eine Zecke am Hals selbst weggekratzt. Fühlte sich eine Weile krank, kackte hellbraun, ist aber wieder in Ordnung.

5.5.1988

Manchmal schleicht er über den Hof wie ein alter Mann. Dann wieder nimmt er die Speichertreppe in drei Sprüngen.

6.5.1988

Die gemeinsamen Fernsehabende sind zur Gewohnheit geworden. Setzt Herrchen sich aber nochmal an den Schreibtisch, drängt Otto wieder ins Freie.

22.5.1988

Pfingstsonntag. Otto schläft auf dem Fußabstreifer vor der Haustür. Er braucht zunehmend menschliche Nähe. Will Herrchen immer früher ins Wohnzimmer locken.

24.5.1988

Sein linkes Ohr sieht etwas zerfranst aus. Vielleicht hat ihm das Katzenvieh einen Hieb gegeben, das sich rallig auf dem Hof herumgetrieben hat.

27.5.1988

Otto bleibt bis halb zehn auf der Terrasse. Sein Ohr schmerzt noch bei Berührung. Aber er frisst gut, sogar ein paar Fetzen von einem Pfannkuchen, allerdings ohne die Preißelbeeren.

12.6.1988

Grillfest für Kollegen und Freunde. Otto verdrückt sich, maunzt aber spät nachts vor der Schlafzimmertür und wird eingelassen. Als ob er gewusst hätte, dass er eine Entschädigung verdient hat.

16.6.1988

Gestern war er schlecht beieinander, heute wirkt er wieder intakt. *Just doesn't let up.* Frisst gern gebratenes Hühnerfleisch. Wird aus Versehen im Wohnzimmer eingesperrt und erleichtert sich auf dem hellen Teppichboden.

22.6.1988

Otto krabbelt auf sein Herrchen, der drei Tage in der Stadt war. Vor Freude sabbelt ihm der Speichel aus dem Maul.

10.7.1988

Er verschmäht sein Futter. Minuten später kommt er unter großem Geheul auf die Terrasse, ein Mäuschen im Maul.

17.7.1988

Über dem rechten Auge hat sich eine Zecke festgesetzt. Von der Seite sieht er aus wie ein kleiner Teufel. Die Behandlung mit einer Pinzette hinterlässt eine kleine kahle Stelle, die wohl wieder zuwächst.

7.8.1988

Kommt Herrchen spät nach Hause, wartet Otto neben der Garage, tut aber so, als ging ihn die Heimkehr nichts an. Vermutlich hat er das Motorengeräusch schon lange identifiziert.

13.8.1988

Er liegt flach auf der Terrasse und mustert ohne sichtbare Gemütsregung drei Hasen, die im Hof spielen. Es hat die Tage um die 30 Grad. Otto leidet unter der Hitze, aber ein Stück angebratene Rinderlende nimmt er an.

21.8.1988

Die Hitze dauert an. Nur einmal verlässt er kurz die Terrasse, um unter der Hoflinde sein Geschäft zu verrichten. Mittags darf er eine Schale mit geschmolzenem Walnusseis ausschlecken, war ganz wild drauf.

29.8.1988

Die Tage sieht er aus wie ein Igel. Die Narben von den Zecken hinten am Hals sind blutig aufgekratzt und mit Ringelblumensalbe behandelt worden. Jetzt sträuben sich die Haare fettig, und mit der Zunge kommt er nicht richtig ran.

21.9.1988

Wahrscheinlich könnte jemand tagelang schlafen mit Otto auf dem Bauch und der würde sich nicht rühren. Das Fett ist aus dem Fell herausgewachsen und er sieht wieder ganz manierlich aus.

22.9.1988

Er liegt unter dem Terrassentisch, verlagert einmal seine Position und reißt dabei ein Spinnennnetz ab. Die Spinne wandert über seinen Rücken ohne dass er es merkt. Ziemlich abwesend schaut er manchmal den Hasen zu, wendet ein wenig gelangweilt den Kopf wenn eines der Männchen klopft und wie geimpft über den Hof rast. Otto gehört zum Inventar, er ist mehr Bewohner als Haustier, zu den *transients* geht er auf Distanz, die Enten ignoriert er völlig.

3.10.1988

Es geht ihm schlecht, frisst kaum, sucht Wärme, legt sich vor den elektrischen Speicherofen im Wohnzimmer.

5.10.1988

Hat seit drei Tagen nichts gefressen liegt apathisch in seinem Korbstuhl vor der Heizung in der Stube. Nicht einmal Milch kann ihn mehr reizen. Die Tierärztin T. hatte vor einer Woche gesagt, Ottos Kopfhaltung sei typisch für sehr alte Katzen. Das Kistchen steht neben dem Küchenbüfett, er geht mit den Vorderpfoten hinein, als Geste guten Willens, schafft es aber nicht über den Rand und macht hinten auf die Fliesen.

6.10.1988

Beim Essen bettelt er nicht mehr. Einmal, bei einem Musikstück im Radio, rührt er sich, als würde er es kennen. Legt sich dann aber nur bequemer hin. Vor den Korbstuhl stellt ihm Herrchen einen Schemel als Aufstiegshilfe hin.

7.10.1988

Er spuckt weißen und grünen Schleim, meidet helles Licht, schiebt den Kopf unter die Eckbank. Herrchen schiebt ihm ein Handtuch unters Köpfchen. Otto bedankt sich mit einem Schnurren. Am nächsten Tag soll die Tierärztin kommen, um die erlösende Spritze zu setzen. Aber als Herrchen um Mitternacht nach Hause kommt, liegt Otto starr unter der Eckbank, so wie er sich gebettet hat. Noch in der Nacht hebt Herrchen ein Loch im Garten aus, vergräbt den Kadaver, legt eine Steinplatte drauf. Plötzlich ist es leicht. Otto starb *in style,* ohne Sterbehilfe, als hätte er geahnt, dass der Veterinär bestellt war.

14.10.1988

Oma kommt zu Besuch, legt ein paar Hagebutten auf die Steinplatte.

28.10.1988

Fernsehen ohne Katze ist überflüssig, absurd, widersinnig.

Mark T. Redwitz, München

Beethoven

Ein Hund ist alles andere als gewöhnlich. Unserer war ein kleines Tier, und doch füllte er das Haus. Jetzt herrscht Leere in allen Räumen. Wie kann ein so kleines Geschöpf eine so große Lücke hinterlassen?

Beethoven war ein King-Charles-Spaniel mit rabenschwarzem Fell, seidigem weißen Bauch und lohfarbenen Halbmonden über den seelenvollen Augen. Er wurde älter, aber er wurde nie erwachsen. Ich denke, das ist ein Teil des Zaubers jedes Hundes: immerwährende Jugend – und die überschwänglichsten, begeisterungsvollsten Begrüßungen, die ein Mensch jemals erhalten kann.

Am Nachmittag seines Todestages lag er kraft- und hilflos auf der Terrasse. Seit dem Vortag hatte er keinen Schritt mehr getan; wenn wir uns im Haus oder im Garten bewegten, trugen wir ihn mit uns herum. Unser Sohn Raphael wohnte in München, und an diesem Vormittag rief ich ihn an: „Es ist Zeit heimzukommen; es ist Zeit, Abschied zu nehmen."

Meine Tochter saß mit gekreuzten Beinen auf der Terrasse, Tränen rannen ihr über die Wangen, und ich saß auf den Treppenstufen, beobachtete ihn, harrte voller Angst dessen, was unausweichlich bevorstand. Wir streichelten sein sonnengewärmtes Fell, suchten in der Berührung die künftige Erinnerung daran festzuhalten. Es war Mitte November, und doch schien die Sommersonne, der leise Herbstwind trug vereinzelte Blätter durch die Luft, und Beethoven lag da, den Kopf leicht erhöht, und sog mit jedem japsenden Atemzug seine Umgebung in sich auf. Dann plötzlich, ohne jede Vorwarnung, erhob sich unser Hund und stolperte die

Stufen hinab in den Garten. Mich erfasste Panik. Die Anstrengung war zu viel für ihn, er schrie laut auf, und dann brach er zusammen. Ich rannte los, meinen Mann zu holen, und als ich die Hausecke erreichte, sah ich, dass mein Sohn am Gartentor stand. Beethoven hatte ihn wohl gespürt; unser erwachsenes Kind war noch mindestens hundert Meter vom Haus entfernt, als der Hund sich mit letzter Kraft aufrappelte, um ihn zu begrüßen. Das war das Kind, mit dem er zwölf Jahre lang das Bett geteilt hatte; Bub und Hund, Aug' in Aug', glänzende, schelmisch blickende braune Augen der eine ebenso wie der andere.

Das war das Kind, dessen Gesicht er jeden Morgen nach dem Aufwachen und bei jeder Begrüßung mit sorgloser Unbekümmertheit und großer nasser Schlabberzunge abgeleckt hatte. Dasselbe Kind, mit dem er, ohne jemals zu ermüden, den Schlittenhügel hinauf und hinuntergejagt war, im vollen Hundegalopp und aus vollem Halse bellend, erfüllt von der Freude, Teil der Familie zu sein, ein glänzender schwarzer Blitz im Schnee, dem kleine Eisklümpchen vom seidigen Bauchfell baumelten.

Unsere Tochter ist jünger, sie kam später und hatte ihre ganz eigene Beziehung zu ihm. Ihre Tränen sind inzwischen getrocknet, aber ihr Herz weint weiterhin um ihn.

Beethovens Leben ist auf's Engste mit unseren Leben, mit der Kindheit unserer Kinder verwoben. Er lebt in uns weiter. Er ist untrennbar mit all den Bildern verbunden, die unsere Lebensgeschichte ausmachen. Wir kannten einander. Er wusste im Voraus, wann ich das Haus verlassen wollte, wann es Zeit für einen Spaziergang war, wann ich das Geschirr spülen würde und vielleicht eine leise Chance bestand, dass ein Stückchen Huhn „zufällig“ zu Boden fallen würde. Wir wussten, wann er bellen würde, wir wussten, welchen Hund er tolerierte und welche bei ihm unbändigen lautstarken Furor auslösten. Wir wussten, dass er Musik liebte. Mein Mann ist Geiger beim Bayerischen Rundfunkorchester, und Beethoven lauschte hingebungsvoll, wenn er spielte; er kratzte an der Tür, um eingelassen zu werden, wenn ich musizierte, und er kuschelte sich zwischen die Füße unseres Sohnes, wenn dieser auf der Geige übte. Disharmonische Klänge mochte er indes nicht; er stand dann einfach auf und verließ den Raum – Einsamkeit war ihm lieber als Dissonanz.

Ja, es herrscht Leere, eine physische Lücke, wo einst Beethoven war. Doch herzerwärmende Erinnerungen füllen die Leere des Hauses. Gedanken, Gefühle, Bilder von glitzernd strahlender, funkelnder Präsenz. Wir können die Zeit nicht zurückdrehen, aber wir können auf ein Leben zurückblicken, das reicher war, glücklicher und auch ein bisschen verrückter, als wenn wir es ohne ihn gelebt hätten, ohne unseren Hund Beethoven.

Kim Märkl, Feldafing

Ist Trost möglich?

Fünftes Treffen der Trauergruppe

In unserer heutigen Sitzung wollen wir uns damit beschäftigen, wo und in welcher Form Menschen, die ein geliebtes Wesen verloren haben, Trost finden können. Wenn ich Trauernde frage, was ihnen geholfen hat, den Verlust und ihre Trauer bisher einigermaßen zu bewältigen, höre ich die unterschiedlichsten Antworten. Noch breiter wird das Spektrum auf die Frage, was sie sich denn für die Zukunft diesbezüglich erhoffen.

Einig sind sich jedoch praktisch alle in dem, was sie als *nicht* hilfreich erleben: Ein weiser Mensch hat dafür den Ausdruck „wegtrösten" gefunden. In der Trauerbegleitung wird es immer wieder als hilfreich erlebt, wenn ich darauf hinweise, dass Trösten – in der landläufigen wenig unterstützenden Form wie: „Das wird schon wieder", „Die Zeit heilt alle Wunden" und ähnliche Platitüden – in erster Linie darauf abzielt, den Tröstenden zu entlasten, der den Schmerz seines Gegenübers nicht aushält. Die Absicht ist gut, aber ... (im Anhang dieses Buches – ab S. 205 – habe ich Hinweise zusammengefasst, die Sie Menschen an die Hand geben können, die Ihnen in Ihrer Trauer aufrichtig zur Seite stehen möchten).

Anne, die ihren Chinchilla Flori verloren hat, versucht, in ihrem Glauben Halt und Trost zu finden. Flori ist 21 Jahre alt geworden, sie hat ihn einschläfern lassen, als er blind und taub und inkontinent geworden war und sich auch nicht mehr eigenständig fortbewegen konnte. Sie tat sich nicht leicht mit der Entscheidung, hat aber ihren Frieden damit gemacht und denkt, das Richtige getan zu haben. Trotzdem kommt sie mit ihrer Trauer nicht zurecht. Sie ist eigenen Angaben nach sehr gläubig und hat einen engen Bezug zu ihrer Kirchengemeinde. „Gerade das macht es mir so schwer“, sagt sie. „Ich kann dort nicht über meinen Kummer reden. Man nimmt mich nicht ernst. Ich wollte Flori aussegnen lassen, aber alle haben mich angeschaut, als wäre ich völlig plemplem. Der liebe Gott hat doch alle Geschöpfe erschaffen, auch Flori, so ein wunderbares, gescheites, liebenswertes Wesen, und in der Kirche tun sie so, als hätte ich irgendetwas ganz Banales verloren. Tiere haben doch auch eine Seele – warum streitet der Pfarrer das einfach ab? Jetzt rede ich nicht mehr drüber, aber es tut so weh, und ich wünsche mir so sehr, Verständnis zu finden. Ich bin so enttäuscht.“

Auch Brigitte, deren Spaniel quasi vor ihren Augen überfahren wurde, weil sie den jungen Hund „viel zu früh von der Leine gelassen“ hatte, äußert Gefühle massiver Enttäuschung. „Alle sagen, du hattest sie doch nur ein paar Monate, da kann doch keine so tiefe Bindung entstehen. Und ich soll mir einen anderen holen, die Züchterin hätte doch sicher bald wieder einen neuen Wurf, vielleicht könnte ich einen aus der gleichen Hündin bekommen. Das ist doch furchtbar! Und Trost?!? – Ja, was könnte mich trösten? Die Gruppe hier, weil ich hier offen drüber reden kann, ohne als depressiv abgestempelt zu werden. Im Alltagsleben tue ich halt so, als sei alles in Ordnung. Aber dieses Bild aufrechtzuerhalten, kostet immense Anstrengung.“

In der Tat führen viele Trauernde eine Art Doppelleben: ein Leben im Außen, wo sie zwanghaft zu funktionieren versuchen, und eines im Inneren, wo Gefühle wie Depression zum Ausdruck kommen. Deshalb ist auch die Gruppe so hilfreich, wo die Teilnehmer Gemeinschaft statt Isolation erleben, Integration statt Ausgrenzung erfahren können.

Trost nicht an der falschen Stelle suchen

Wer ein Tier verloren hat, kann nicht von vielen Menschen Verständnis erwarten. Ersparen Sie sich Enttäuschung und zusätzlichen Kummer, indem Sie über Ihre Gefühle ausschließlich mit Menschen sprechen, von denen Sie glauben, dass sie Ihr Leid zumindest ansatzweise nachvollziehen können.

Eine Patientin von mir verlor ihr vierpfötiges Kind ungefähr zur gleichen Zeit, zu der ihre bis dahin beste Freundin und engste Vertraute eine Fehlgeburt (4. Monat) erlitt. Von ihrem eigenen Schmerz überwältigt, sprach meine Klientin ihrer Freundin gegenüber an, sie hätten ja nun beide ihr „Kind" verloren. Sie erwartete in der Tat, dass die beiden Verluste die Freundinnen noch enger zusammenschweißen würden. Wie die Geschichte tatsächlich ausging, können Sie sich vermutlich denken. Aus Sicht meiner Klientin erfuhr sie Abwertung pur – null Verständnis, von Empathie ganz zu schweigen. Wie könne meine Klientin nur ein Tier mit einem Kind vergleichen – und überhaupt habe sie nie verstanden, warum meine Klientin derart übertrieben an ihrer Katze gehangen habe. Das sei „unnormal", ja „krankhaft". Zu der Missachtung ihres Verlusts und der damit verbundenen akuten Kränkung (ich bleibe hier absichtlich ausschließlich bei der Sicht meiner Patientin) kam also noch eine weitere hinzu: Sie stellte ihre ganze vergangene jahrelange Freundschaft in Frage. Die beiden hatten wohl nie wieder Kontakt. Ein Teil der Begleitung bestand darin, mit meiner Patientin Strategien zu erarbeiten, wie sie mit eventuellen künftigen Begegnungen umgehen wollte. Zum Glück wohnten beide in unterschiedlichen Städten und hatten auch seit Jahren weitgehend unterschiedliche Freundeskreise.

Seien Sie also achtsam, *wem* Sie *wie* von Ihrem Verlust erzählen!

Vielleicht können Sie in diesem Zusammenhang etwas mit dem Satz anfangen: *Ich muss nicht alles sagen, was wahr ist. Aber alles, was ich sage, muss wahr sein.*

Sinn- und Glaubensfragen

Resilienz und Salutogenese

Vielleicht ist Ihnen der Begriff *Resilienz* schon einmal begegnet. Das Wort stammt ursprünglich aus der Werkstoffkunde und bezeichnet die Fähigkeit eines Stoffs, nach einer Verformung durch Druck oder Zug wieder seine alte Form anzunehmen, d.h. „die Fähigkeit eines Systems, von außen und innen kommende Irritationen auszugleichen oder ertragen zu können, ohne kaputtzugehen" – kurz: Widerstandsfähigkeit, Belastbarkeit, Flexibilität. Psychische Resilienz hängt eng mit *Salutogenese* („Gesundheitsentstehung") zusammen, einem Konzept des amerikanischen Medizinsoziologen Aaron Antonovsky. Antonovsky beschäftigte die Frage, welche Eigenschaften und Ressourcen Menschen befähigen, selbst unter schlimmsten äußeren Bedingungen ihre körperliche und psychische Gesundheit zu bewahren. Er formulierte dafür drei Aspekte:

- *Verstehbarkeit*, d.h. das, was passiert, erscheint uns logisch erklärbar.
- *Handhabbarkeit,* d.h. wir haben das Gefühl, das, was passiert, irgendwie bewältigen zu können.

- *Sinnhaftigkeit*, d.h. wir glauben, dass das, was passiert ist, einen „höheren Sinn" hat.

In akuten Trauersituationen verlieren wir meist den Zugang zu einem oder mehreren dieser Aspekte: Wir können oder wollen nicht verstehen, warum der Gefährte uns verlassen hat/genommen wurde. Wir glauben, dem Geschehen völlig ausgeliefert zu sein, und wir verzweifeln oft an der Sinnfrage.

Die Gretchenfrage

Viele Menschen gewinnen Resilienz aus spiritueller Akzeptanz, d.h. ihnen hilft ihr Glaube bzw. ihre Spiritualität, um schwere Zeiten durchzustehen und über gravierende Verluste hinwegzukommen. Wie und an was sie glauben, ob personale, apersonale oder transpersonale Spiritualität, spielt dabei eine eher nebensächliche Rolle.

Für manche ist Gott ein Zufluchtsort, Adressat für die bittere Klage, die ein geduldiges offenes Ohr braucht. Wem, wenn nicht Gott, soll man seine Not klagen? Die Psalmen der Bibel enthalten zahlreiche Klageverse.

Menschen, die keinen Glauben haben, erleben Verluste oft als besonders bodenlos. Für sie gibt es in aller Regel keine Hoffnung auf ein Wiedersehen, häufig auch keinen Glauben an einen „guten Ort", an dem sie ihre Verstorbenen wunderbar aufgehoben wähnen. Gleichzeitig finden Agnostiker und Atheisten oft ihren eigenen Zugang, ihre ganz eigene Art des heilsamen Umgangs mit einem schweren Verlust.

Auch an dieser Stelle möchte ich wieder betonen, dass jeder Mensch anders ist. Aus verschiedenen Glaubens- und Lebenserfahrungen wachsen auch unterschiedliche Gottesbilder und Glaubensüberzeugungen, und gerade in Lebenskrisen wandeln sich oft auch unsere eigenen Bilder von Gott (im weitesten Sinne). Ob ein Wiedersehen im Himmel, Reinkarnation, Aufgehen/Verwehen im Nirwana, in den ewigen Jagdgründen oder ...

Trost und Halt finden kann jeder Mensch nur an dem, was und woran er selbst glaubt.

Kommen Tiere in den Himmel?

Leider ist es nach wie vor so, dass die traditionellen christlichen Kirchen Tieren keine Seele zusprechen, was immer man darunter verstehen mag. Viele Menschen, die ihre vierbeinigen, geflügelten oder beflossten Familienmitglieder verlieren, leiden sehr unter dieser offiziellen Degradierung. Immerhin gelten Tiere inzwischen als schützenswerte Mitgeschöpfe, und Papst Johannes Paul II. soll gesagt haben: „Auch Tiere sind vom heiligen Geist belebt." Selbstverständlich gibt es auch Theologen, die die Sache anders sehen und wertvolle Unterstützung

Franz von Assisi – Schutzheiliger der Tiere

Wie viele andere Heilige auch galt Franz von Assisi zu Lebzeiten als ein Sonderling. Niemand verstand, wieso er Tieren so viel Wertschätzung entgegenbrachte. So soll er einmal in den Wald gegangen sein und einen alten, wilden Wolf gezähmt haben, vor dem sich die ganze Stadt fürchtete. Franz nannte ihn seinen Bruder, nahm ihn bei sich auf und ermöglichte ihm ein friedliches Leben – nicht zuletzt deshalb, weil niemand mehr Angst vor ihm haben musste. Bis heute ist Franz von Assisi Symbol für den würde- und respektvollen Umgang mit Tieren.

geben können. Seien Sie jedoch vorsichtig, wenn Sie bei jemandem, den Sie nicht kennen, die Sprache darauf bringen. Eine Klientin erzählte mir, sie habe in ihrer allergrößten Not, direkt nach dem (aus ihrer damaligen Sicht von ihr verschuldeten) tödlichen Unfall ihres Schäferhundes, die Telefonseelsorge angerufen und eine „Abfuhr kassiert", wie sie sie ihrem „schlimmsten Feind nicht wünschen würde". Zahlreiche andere, positive Rückmeldungen relativeren das Bild wieder. Wie Sie persönlich die Sache mit der Seele und dem Tierhimmel sehen, vermag ich natürlich nicht zu beurteilen, aber für so gut wie alle gläubigen Menschen, die ich kenne, gibt es im Himmel auch einen Platz für die von ihnen geliebten Tiere. Vielleicht mögen Sie, wenn Sie gläubig sind, ein Elfchen (Anleitung siehe Seite 116) zu den Worten *Gott* und/oder *Himmel* schreiben.

Tierkommunikation

Vielen – und keineswegs nur „esoterisch angehauchten" – Trauernden ist die Telepathische Kommunikation mit Tieren, auch Tierkommunikation oder Tiertelepathie genannt, eine große Stütze. Wer sich dafür interessiert bzw. davon Unterstützung erhofft, findet im Internet zahlreiche Adressen. Einige haben sich auf Trauerthemen spezialisiert bzw. offerieren Hilfe bei entlaufenen Tieren und schweren Erkrankungen sowie Begleitung „vor, während und nach der Reise ‚auf die andere Seite'".

Wie reell Personen arbeiten, die mediale Tierkommunikation anbieten, vermag ich nicht zu sagen, sicher gibt es wie überall auch in diesem Bereich sehr einfühlsame und fähige Therapeuten, wohl aber auch jede Menge Scharlatane. Meins ist es ehrlich gesagt nicht, aber entsprechende Sitzungen haben vielen meiner Klienten und Klientinnen sehr geholfen, über ihren Verlust hinwegzukommen. Ich vertraue einfach auch hier darauf, dass Ihr Unbewusstes Ihnen dabei hilft, die richtige Entscheidung zu treffen. Am besten lassen Sie sich gegebenenfalls jemanden empfehlen, die Suche im Internet ist immer ein bisschen eine Glückssache. Und natürlich können Sie sich vorab über Bücher informieren, die in wachsender Zahl auf den Markt kommen. Spüren Sie in sich hinein, was Ihnen gut tun könnte. Und natürlich gilt auch hier: *Wer heilt/hilft, hat recht.*

Wir erschaffen uns unsere Erinnerungen

Gleichgültig, ob Sie an eine personale, transpersonale oder apersonale bzw. gar keine Gottheit glauben: Zur Akzeptanz des Verlustes gehört meines Erachtens immer die langsam wachsende Einsicht, im Hier und Jetzt zu leben: Es gibt nichts Lebendigeres als den momentanen Augenblick. Ich muss *jetzt* leben, in diesem Augenblick, mit allen Erinnerungen ...

Erinnerungen entscheiden über unsere Befindlichkeit, über die Qualität unseres Daseins. Wenn wir durch Trigger an eine bestimmte Situation in unserer Vergangenheit erinnert werden, so beeinflusst diese Erinnerung unweigerlich unsere Gegenwart – positiv wie negativ. Erinnerungen sind nicht mit Videoaufnahmen vergleichbar, die irgendwo in unserem Inneren aufgezeichnet sind. Vielmehr ist es unser Gehirn, das sie erschafft, und zwar immer wieder neu. Bei jedem Erinnern wird, das hat die moderne Hirnforschung erwiesen, die neuronale Vernetzung eines Ereignisses aktiv und reproduziert das Bild, die Geräusche, die emotionalen und rationalen Begleitumstände, die Tast-, Geruchs- und Geschmacksempfindungen – einfach alles, was mit dieser Erinnerung verbunden ist.

Sich zu erinnern ist also kein einfaches Betrachten einer Aufzeichnung, sondern ein *aktiver* Rekonstruktionsprozess. Erinnerungen verändern sich ständig, weil sie mit jedem Aufruf neu gespeichert werden. Wir haben also sehr wohl Einfluss auf unsere Erinnerungen – und damit darauf, wie es uns aktuell geht. Negative Erinnerungen verstärken sich und gewinnen an Bedeutung, wenn wir sie einfach nur wiederholen. Versuchen wir jedoch, sie neu zu betrachten, aus einem anderen Blickwinkel heraus, können wir damit unser gegenwärtiges – und zukünftiges – Befinden verbessern.

Wesentlich dazu beizutragen vermag ein kleines Wort, das große Wirkung zeitigt: Dankbarkeit.

Innere Heilung im Retreat

Ein wunderbarer Weg, Dankbarkeit zu üben, ist die aus Japan stammende Methode des Naikan (*nai* = Inneres, *kan* = betrachten). Menschen, die sich in einer schweren, akuten Krise befinden, empfehle ich immer den Aufenthalt in einem Naikan-Retreat – eine Woche in Abgeschiedenheit und Stille, in der wir Innenschau halten und dabei Heilung erfahren können. Das Ganze geschieht in kompetenter, achtsamer Begleitung; es gibt im Naikan keinen Therapeuten im klassischen Sinne, keine Interpretationen, keine Dialoge und keine Gruppenprozesse. Alles, was geübt wird, ist eine neue Wahrnehmung. Das erste Naikan-Zentrum in Europa wurde 1986 von dem Psychotherapeuten und Managementtrainer Franz Ritter in der Nähe von Wien gegründet (nähere Informationen unter www.naikan.com). Ich selbst habe vor einigen Jahren dort eine kostbare Woche verbracht und kenne zahlreiche Menschen, denen ein Aufenthalt wesentlich geholfen hat, mit schlimmen (Verlust-)Erlebnissen zurechtzukommen.

Naikan arbeitet mit unseren Erinnerungen. Wir schauen in einer sicheren, ablenkungsfreien Umgebung auf die Erinnerungen und entwickeln eine neue Sichtweise auf das vergangene Geschehen. Das regt in unseren neuronalen Vernetzungen im Gehirn neue Verbindungen an – wir beginnen zu verstehen, Einsichten zu entwickeln, aus größeren Zusammenhängen heraus neu zu bewerten. Allerdings braucht das Gehirn dazu Zeit. Naikan schenkt ihm die Zeit, in der es sich neu organisiert. So findet in uns Veränderung statt. Veränderung, die in einem Naikan-Retreat wirksam wird und auf unser weiteres Leben nachhaltig großen Einfluss hat. Ich kann es Ihnen nur wärmstens empfehlen!

Ein Zweittier, solange der Senior noch lebt?

Wissenschaftlichen Studien zufolge empfinden Menschen die größte Trauer beim Tod der primären Bindungsperson – und das kann ein Tier ebenso sein wie ein menschlicher Partner. Gerade für allein lebende (ältere) Menschen sind Tiere häufig die engste Bezugsperson. Sie geben dem Menschen eine Aufgabe, strukturieren seinen Tag und ermöglichen Körperkontakt.

Wenn ihr Tier älter wird und sie vielleicht Angst davor haben, wie es weitergehen soll, wenn ihr Liebling nicht mehr bei ihnen weilt, überlegen daher viele Menschen, ob nicht ein jüngerer Gefährte als Zweittier in Frage kommen könnte. Prinzipiell ist das sicher eine wunderbare Idee, und in Tierheimen und Vermittlungsstationen warten viele Geschöpfe darauf, ein neues gutes Zuhause zu finden.

Natürlich gibt es immer Ausnahmen, und unter „verwöhnten" Einzeltieren sind auch Einzelgänger, die ein neues Familienmitglied nicht nur nicht freudig begrüßen, sondern es als Konkurrenz ansehen und sich zurückgesetzt fühlen würden. Sie selbst kennen Ihren Senior am besten und können beurteilen, ob und wenn ja was für ein „jüngeres Geschwist" Sie ihm an die Seite stellen können.

Schaffen Sie ein jüngeres Zweittier nur dann an, wenn das alte Tier nicht darunter leidet!

Claudia Ludwig, langjährige Moderatorin der WDR-Sendung *Tiere suchen ein Zuhause*, hat diesen Aspekt in ihrem leider nur noch antiquarisch erhältlichem Buch *Wenn das Haustier stirbt* (auf das ich mich nicht nur an dieser Stelle dankbar beziehe) ausführlich beschrieben.

In jedem Fall bedarf es großer Sensibilität, wenn Sie zu einem älteren Tier einen jüngeren Gefährten ins Haus holen. Wählen Sie das Zweittier mit großer Bedacht. Es sollte eher bescheiden sein, was vor allem bei Heimtieren ohnehin meist der Fall ist. Achten Sie darauf, Ihrem Liebling keinen Grund zur Eifersucht zu geben. Der Senior darf keinesfalls den Eindruck gewinnen, aufs Altenteil oder gar Abstellgleis geschoben zu werden. Doch wenn Sie bei der Auswahl achtsam sind, wovon ich ausgehe, und die Eingewöhnungsphase aufmerksam und geduldig begleiten, kann Ihr Liebling durch einen jüngeren Gefährten sogar wieder zusätzlich an Lebensfreude gewinnen – und womöglich gerade dadurch noch länger bei Ihnen bleiben.

Kein Ersatz, aber vielleicht ein Nachfolger?

Einen Ersatz für den Verstorbenen kann und wird es nie geben. Trotzdem versuchen einige Menschen, einen „Klon" Ihres verlorenen Lieblings zu finden, was meines Erachtens für alle Beteiligten höchst problematische

Folgen hat. So bleiben nämlich letztlich alle auf der Strecke: Dem Verstorbenen wird kein eigener Platz eingeräumt, der Nachfolger wird aufgrund ständiger und unfairer Vergleiche, die unweigerlich ablaufen, kaum eine Chance haben, als Individuum gewürdigt und geliebt zu werden, und der Mensch ist – vielleicht unbewusst, was aber sogar noch schlimmer sein kann – konstant enttäuscht, weil der Neue von Natur aus immer anders sein wird.

Professioneller Rat geht deshalb dahin, sich als Nachfolger für ein Tier zu entscheiden, das dem verstorbenen auch äußerlich möglichst wenig ähnelt. Nichts spricht gegen dieselbe Rasse, wenn es denn ein Rassetier sein soll – aber vielleicht versuchen Sie, dann wenigstens eine andere Farbe oder das andere Geschlecht zu wählen. Sehr gute Erfahrungen haben Menschen, die ich begleiten durfte, bei Hunden beispielsweise mit Mischlingen gemacht, die die Lieblingsrasse enthalten.

Vergessen Sie bitte auch nie, dass selbst dieselbe Rasse, ja derselbe Züchter nie einen „Klon“ liefern kann. Jedes Tier ist ein Individuum, und jedes Individuum verdient es, als der gesehen und geliebt zu werden, der er ist.

Nun gibt es natürlich Tierarten, bei denen man kaum äußerliche Unterscheidungsmerkmale findet. In diesem Fall vertraue ich auf Ihre Empathie und Ihre „Fairness“ – und ganz gewiss wird ein einfühlsamer Halter auch bei für Fremde praktisch identisch aussehenden Individuen dennoch genügend individuelle auch äußerliche Merkmale entdecken. In ihrem Verhalten werden sich die beiden ohnehin garantiert unterscheiden.

Leider, und dieses „leider“ sage ich ganz bewusst, hört man auch immer wieder von Fällen, in denen der

Nachfolger nicht nur identisch aussieht, sondern auch noch denselben Namen erhält. Ein Klient erzählte mir von (älteren) Verwandten, in deren Garten sich mittlerweile fünf Gräber aneinanderreihen, von „Waldi I" bis „Waldi V". Dem derzeitigen Waldi VI gilt mein aufrichtiges Mitleid. Natürlich mag ich mich irren und auch fehlgehen in der Annahme, dass diese Tiere letztlich vielleicht nur angeschafft wurden, um den Verlust des sicher sehr geliebten Namens-Erstträgers zu verdrängen. Und ich will keinesfalls behaupten, dass Waldi VIII ein schlechtes Leben haben wird. Nur ... Ich denke, Sie wissen, was ich meine.

Bevor Sie sich für ein neues Tier entscheiden, beantworten Sie ehrlich für sich die folgenden Fragen: (nach S. Scherschel)

- Bin ich so weit, einem neuen Tier wirklich gerecht werden zu können?
- Besteht tatsächlich keine Gefahr mehr, dass ich das neue Tier ständig mit dem Verstorbenen vergleiche?
- Soll es wirklich kein Ersatz für den Verstorbenen sein?
- Habe ich wirklich nicht das Gefühl, durch einen neuen Begleiter meine Gefühle für den Verstorbenen irgendwie zu verraten?
- Bin ich schon bereit, die notwendige Verantwortung für einen neuen Begleiter zu übernehmen?
- Habe ich die Trauer um den Verstorbenen so weit verarbeitet, dass ich momentan keine Angst vor einem weiteren Verlust empfinde?

Haben Sie auch bei nur einer Frage mit „nein" geantwortet oder länger gezögert, ist vermutlich noch nicht die richtige Zeit für einen neuen Begleiter. Warten Sie in diesem Fall lieber noch etwas. Sie würden einem neuen Gefährten dann wahrscheinlich noch nicht wirklich gerecht werden können.

Fragen zu einem möglichen Nachfolger:

- Welche äußeren Umstände kann/möchte ich einem neuen Tier bieten?
- Bin ich viel zu Hause oder viel unterwegs?
- Was wünsche ich mir von einem neuen Gefährten?
- Möchte ich ein Tier, das mich auf Unternehmungen, Wanderungen, Reisen begleitet?
- Soll es dem Verstorbenen äußerlich ähnlich sein?
- Soll es sich von ihm möglichst stark unterscheiden?
- Wie alt darf das neue Tier sein?

Ich mag mich wiederholen: Aber bitte statten Sie, wenn Sie sich denn für einen Nachfolger entschieden haben, zuerst einem Tierheim einen Besuch ab. Oder informieren Sie sich über Agenturen, die „Gebrauchttiere" oder „gerettete Tiere" vermitteln. Einen Züchter können Sie danach gegebenenfalls immer noch kontaktieren.

Übungen

Fragen zur tröstlichen Erinnerung

(nach Bödiker/Theobald)

In der Zeit der Trauer fühlen wir uns oft sprachlos. Um diese stumme Lähmung ein bisschen zu überwinden, finden Sie nachfolgend eine Liste mit Fragen, die Sie still für sich beantworten können (am besten schriftlich in Ihr Trauer-/Erinnerungsbuch), oder aber Sie bitten einen Ihnen nahestehenden Menschen, sie mit Ihnen gemeinsam durchzugehen.

- Was waren seine positivsten Eigenschaften?
- Worüber haben Sie sich geärgert?
- Was war sein Lieblingsfutter? Was hat er gar nicht gemocht?
- Worüber haben Sie zuletzt laut gelacht?
- Wann haben Sie zuletzt geweint? Gibt es in Ihren Leben einen vertrauten Menschen, in dessen Gegenwart Sie Ihrem Schmerz hemmungslos Ausdruck verleihen können?
- Träumen Sie von dem Verstorbenen?
- Wer oder was hat Sie nach dem Verlust am meisten enttäuscht?
- Welche Veränderungen haben Sie in Ihrer Wohnung vorgenommen? Welche in Ihrem Tagesablauf?
- Was hat Ihnen nach dem akuten Verlust am meisten geholfen?
- Hat sich Ihre Einstellung zu Leben und Tod nach dem Verlust geändert? Wenn ja, wie?
- Was hatten Sie dem verstorbenen Gefährten zuliebe aufgegeben?
- Wo war sein Lieblingsplatz? Wie geht es Ihnen, wenn Sie jetzt an diesen Platz kommen?

- Wie geht es Ihnen, wenn Sie Tiere sehen, die Sie an den Verstorbenen erinnern?
- Wofür sind Sie dem Verstorbenen heute besonders dankbar?

Dankesbrief an den Verstorbenen

Nehmen Sie einen schönen Briefbogen oder Ihr Trauer-/Erinnerungsbuch und verfassen Sie einen Dankesbrief an den Verstorbenen. Ein paar Fragen zur Anregung:

- Was war an der gemeinsamen Zeit besonders kostbar?
- Was davon konnten Sie in Ihr Leben nach seinem Tod integrieren?
- Wofür sind Sie ihm besonders dankbar?
- Was wünschen Sie sich noch von ihm?

Legen Sie den Brief in Ihr Trauer-/Erinnerungsbuch, vergraben Sie ihn im Garten (vielleicht beim Grab des Verstorbenen), verbrennen Sie ihn (der Rauch zieht gen Himmel) oder schicken Sie ihn in einem Gewässer auf die Reise.

Trauerkoffer packen

(nach G. Ströbele)

Legen Sie sich für die folgende Übung ein größeres Kuvert (A4 oder A5) und mehrere Zettel bereit.

Die Trauerzeit ist geprägt von Ängsten und von der Erfahrung, dass vieles, was früher selbstverständlich war, jetzt auf einmal enorm schwerfallen kann.

Was erscheint Ihnen zurzeit besonders schwer?

Notieren Sie auf kleinen Zetteln alles, was Sie momentan besonders belastet, was Sie gerne, zumindest für eine Weile, zur Seite stellen möchten. Bitte schreiben Sie jedes Stichwort (es kann auch ein kurzer Satz oder ein Satzfragment sein) auf einen eigenen Zettel.

Legen Sie nun die Zettel, einen nach dem anderen, in das Kuvert, das wie ein Koffer funktioniert. Nun lade ich ein zu der nachfolgenden Gedankenreise:

Was auf diesen kleinen Zetteln steht, ist für uns wie viele kleine oder auch größere Gepäckstücke, die uns auf unserem Weg begleiten. Damit sie uns nun nicht ständig um den Kopf und ins Herz wirbeln, haben wir sie behutsam in einen – symbolischen – Koffer gepackt.
Gern würden wir ihn wohl in einem Schließfach abstellen und einfach dort vergessen.
Aber wir alle wissen, dass wir dieses Gepäck zu dieser Zeit unserer Reise immer mit uns dabei haben.

Wir versuchen jetzt jedoch, es ab und zu bewusst im Koffer zu lassen, denn da ist es gut aufgehoben und für uns viel besser handhabbar.

Vielleicht können wir so öfters ein wenig ruhiger bleiben, wenn eine Angst oder Schwierigkeit auf uns zukommt, denn wir können daran denken, dass wir sie schon kennen und gut im Koffer verstaut haben. Da haben wir sie ein bisschen besser im Griff.

Den Koffer können wir nämlich in die Hand nehmen – und haben so den Kopf frei.

Ab und zu öffnen wir unseren Koffer, atmen ruhig durch, schauen hinein und überlegen, was wir als Nächstes tun könnten, welcher Schwierigkeit wir zu Leibe rücken könnten und wie wir bestimmten Problemen vielleicht ein bisschen von ihrer Schwere nehmen könnten.

Noch spüren wir das Gewicht des Koffers oft schwer an uns.

Manchmal wird es uns aber auch gelingen, unseren Koffer eine Weile abgestellt zu lassen. Genießen wir solche Augenblicke.

Für heute packen wir den Koffer einmal zur Seite. Mittels einer Anregung für später soll er langsam auch mit Ihren Fähigkeiten, über Schwierigkeiten hinwegzukommen, angefüllt werden.

Die folgende **Anschlussübung** machen Sie am besten ein, zwei Tage später:

Damit der Koffer nicht nur mit den Schwierigkeiten beladen bleibt, ist es gut und wichtig, auf unsere kleineren und größeren Fähigkeiten, mit denen und durch die wir jeden Tag neu weiterleben, in den Blick zu nehmen und festzuhalten.

Hierzu eine kleine Übung, die hilft, diese Fähigkeiten klarer zu erkennen.

Nehmen Sie bitte ein Blatt Papier zur Hand und schreiben Sie als Überschrift darauf:

Was tue ich in schweren Zeiten, um mir zu helfen?

Nun setzen Sie den Text für sich fort. Nehmen Sie sich mindestens 5, maximal 8 Minuten dafür Zeit.

Schalten Sie dann Ihr Radio ein, wobei Sie einen Sprechsender (nicht reine Nachrichten) wählen. Es ist dabei gleichgültig, was für ein Bericht/Erzählung/Hörspiel gerade läuft.

Hören Sie hin und notieren Sie fünf Wörter, an denen Sie irgendwie „hängen bleiben". Stellen Sie das Radio dann wieder ab und fügen Sie die notierten Wörter der Reihe nach in Ihren Text ein.

Der Text erschließt sich Ihnen klarer.

Wenn Sie möchten, schreiben Sie die Fähigkeiten, die sich für Sie aus Ihrem Text ergeben, noch einzeln auf A6-Zettelchen und legen Sie diese mit in Ihren Koffer. Sie können aber auch einfach den geschriebenen Text dazupacken.

Vielleicht kann Ihnen die Vorstellung, dass Sie neben Schwierigkeiten eben auch mit Fähigkeiten ausgestattet sind, manchmal Trost sein.

Vielleicht hilft es sogar, wenn Sie ab und zu bewusst Ihre Fähigkeiten, d.h. das, was Ihnen hilft, zu dem, was schwer ist, dazugruppieren, um nächste Schritte auf Ihrem Weg zu erkennen.

Fragen für die Selbstreflexion / Ihr Trauer-/Erinnerungsbuch:

- Was war für mich in diesem Kapitel besonders hilfreich?
- Wann hatte ich das letzte Mal das Gefühl, hilfreich getröstet zu werden?
- Wie und wann war das genau?
- Wer hat was getan, damit ich mich besser fühlte?
- Wo habe ich es in meinem Körper am meisten gespürt?
- Wie hat es sich dort angefühlt?
- Wo und wie kann ich angesichts der nicht mehr lebbaren Möglichkeiten schon jetzt nach anderen Lebensmöglichkeiten suchen?

Wie es andere erlebten …

Meine Rosalie, mein Röschen, mein Alpenröschen

Der Versuch einen Nachrufs auf ein geliebtes Familienmitglied

Am 27.08.2000 wurde ich zur Mörderin. Ich musste meine Hündin auf meinen Wunsch einschläfern lassen. Sie schaute mir im Wartezimmer dauernd in die Augen, sie bellte, sie sagte mir, lass es nicht zu, dass sie mich umbringen, aber ich ließ es zu. Wie sich herausstellte, hatte sie komplettes Nierenversagen, sie hatte Schmerzen, die Niere ließ sich auch im Ultraschall nicht mehr darstellen, sie hatte sich fast ganz aufgelöst. Die Ursache war unbekannt. Sie war nur etwas müder als sonst, sie trottete langsam neben mir her, aber man merkte, sie hatte Schmerzen. Es war ihr alles zu viel. Zunächst schien es, dass man es mit Infusionen etwas verzögern könne, aber das Ultraschallbild zeigte das ganze Ausmaß.

Sie ist in unseren Armen eingeschlafen.

An die nächsten Tage kann ich mich nicht mehr erinnern. Mein Asthma ließ mir keine Ruhe, ich keuchte nur noch. Tränen kamen keine, ich war heiser, konnte kein Wort reden, mein Mann und ich vegetierten nebeneinander her, ohne miteinander zu sprechen, sollte das das Ende einer so schönen Zeit gewesen sein?

Es war die berühmte Liebe auf den ersten Blick!!

Eine Züchterin für Appenzellerhunde aus der Schweiz rief uns an und schickte uns Bilder von den Babys. Uns fiel die Wahl nicht schwer, es war uns klar, diese oder keine. Noch ein paar Wochen, dann konnten wir unser neues Familienmitglied begrüßen.

Bald darauf fuhren wir in die Schweiz, und sie kam gleich nach unserer Ankunft auf uns zugewackelt und setzte sich auf den Schoß meines Mannes, dann war es um uns geschehen.

Zuhause wurde es nochmals spannend, denn wir hatten immer Hund und Kater zur gleichen Zeit. Sammy war die Liebe in Person, er war um einiges größer als der Hund, aber nach fünf Minuten war auch Sammy von dem Baby in den Bann gezogen.

Großer Familienrat, wie sollte sie heißen. Ihre Mutter war das Alpenröschen, und der Name Bora schien uns nicht nett genug, so entstand Röschen, oder offiziell Rosalie.

Es folgten schöne unbeschwerte Jahre, wir ließen sie so gut wie nie allein , wenn es nicht anders ging, war sie bei einem Ehepaar in der Nähe, die sie genauso liebten.

Der Prozess ging schleichend, wir und auch Rosalie wollten es nicht wahrhaben, dass etwas nicht stimmte, wir genossen jeden Tag zusammen.

Das Ende traf uns mit aller Macht, viele sagten, Ihr stellt Euch an, es war doch ein Hund?? Wie bitte??!!

Dann waren es unsere Kinder, die uns sagten: „Ein Elternhaus ohne Hund können wir uns nicht vorstellen."

Durch Zufall las ich eine Anzeige aus Spatzenhausen, Appenzeller Mischlinge abzugeben.

Mein Mann sagte: „Aber nur anschauen."

Die Tür ging auf, und eine kleine, total verdreckte (Kuhstall-)Appenzellermaus kam auf uns zu, mein Mann hauchte nur noch: Ach ist die süß! Und wieder war es Liebe auf den ersten Blick.

Aber Rosalie ist immer in unseren Gedanken, ich denke oft an die Worte vom Kleinen Prinzen: *Wenn ihr mich sucht, sucht mich in Euren Herzen. Hab ich dort eine Bleibe gefunden, bin ich immer bei Euch.*

Sie ist in ihrem geliebten Garten begraben, gleich neben dem Eingang, sodass sie immer sehen kann, wer kommt.

Susanne Feterowsky (heute mit Sissi), Berg

Annäherungen

Die Katze hieß Niba und ist knapp sieben Jahre alt geworden. Niba weil schwarzweiß (nigra = schwarz; alba = weiß). Eines Tages stand sie – halt nein, falsch: sie konnte nicht mehr stehen, sie kauerte – vor der Terrassentür, klapperdürr, und der Schneewind hatte ihr einen Schleier umgelegt, einen, der sicherlich nicht wärmte. Sie hockte da, und was sie „sagte" war eigentlich klar: Ihr könnt mich jetzt reinholen, oder ihr müsst mich in ein paar Stunden hier steifgefroren entsorgen. Wir haben sie reingelassen ... und irgendwann, so nach drei vier Wochen, befand Niba, dass wir wohnen bleiben dürfen.

Niba beschloss, dass meine Frau Veronika ein Quell guter Dinge ist; ich aber wurde großräumig umgangen. Vermutlich hatte sie in ihrem kurzen Vorleben auf einem Bauernhof mit *Homo sapiens/masculinum* schlechte Erfahrungen gemacht und nun reichten tiefe Stimme und eckiger Gang als Angstmacher und Warnsignal.

Die sieben Jahre, die wir die Wohnung mit ihr teilten, war für uns (für Niba und mich) eine Annäherung in Zentimetern: Stürzte sie anfangs noch aus dem Zimmer, wenn ich eintrat, zog sie schon bald Drei-Meter-Radius-Bögen um mich, verkürzte dann auf zwei, schließlich auf einen ... und ganz zum Schluss, rieb sie sich sogar an meinem Unterschenkel.

Das war das Ende einer Annäherung und zugleich das Ende ihres Lebens. An einem kühlen Septembertag lag sie mit breitgefahrenem Kopf oberhalb unseres Grundstücks. An einer Straße mit wenig Autoverkehr.

Wir haben sie in unserm Garten beerdigt, exakt dort, wo sie immer saß, wenn die Grashüpfersaison begann, für Niba der spannendste Abschnitt des Jahres.

Wenn ich an Niba denke, an die spröde, kleine Bauernhofkatze, fällt mir ein, dass wir beide die Kurve gekriegt haben. Oder so: Die Annäherung war vollendet, wenige Tage bevor sie verschwand. So etwas gelingt nicht immer. Nicht in Katzen- und nicht in Menschenleben.

Claus-Peter Lieckfeld, Windach

Ein Geschenk des Himmels

Mitch war ein dunkelbrauner Bearded Collie. Er hatte sehr feine Antennen, reagierte sogar auf meine Gedanken. Wenn er im Garten schlief, während ich bei geschlossenem Fenster – also für ihn nicht hörbar – sein Futter zubereitete, kam er ins Haus, sobald der Napf gefüllt war. Dachte ich nur daran, einen Spaziergang zu machen, stand er auf und bellte vor Freude. Wollte ich unterwegs in eine Straße einbiegen, schlug er an langer Leine vor mir sogar in fremdem Gebiet die vorgesehene Richtung ein, ohne dass ich ein Wort gesagt oder mit der Leine einen Hinweis gegeben hatte.

Damals war mir noch nicht bewusst, dass man tatsächlich Gedankenbilder senden kann – eine Verbindung „von Herz zu Herz", wie ich später bei einem Seminar über telepathische Tierkommunikation erfuhr.

Als ich ein weiteres Seminar besuchte, war Mitch fast 15 Jahre alt. Die Teilnehmer wurden mit einem Foto von ihrem Tier angeleitet, Kontakt aufzunehmen. Mein alter Hund schickte mir Bilder von zwei Kirschen, zwei Pilzen und einer großen, wunderschönen, aber schwarzen Schneeflocke. In dieser Botschaft sah ich Jahreszeiten: die Kirschen für den Sommer, den er wohl noch genießen würde, die Pilze für den Herbst und die Schneeflocke als das Ende, weil sie schwarz war – Mitch würde wohl den Schnee nicht mehr sehen. Die Schneeflocke war allerdings so perfekt, dass sie signalisierte: Alles ist gut.

So ganz traute ich der Telepathie noch nicht. Deshalb bat ich eine Expertin, Mitch zu fragen, ob er etwas bräuchte. Sie sagte, er sehne sich nach einer gelben Decke mit Blumenmuster.

„Was für ein Blödsinn", dachte ich, „so eine Decke haben wir nicht." Zögerlich erzählte ich meinem Ehemann davon. Er berichtete, dass er eine längst ausgemusterte gelbe Decke mit Blumenmotiv auf der Schlafcouch liegen hatte, seit er bei Mitch im Wohnzimmer schlief. Der alte Hund war dann zu ihm gekommen und hatte sich auf dem Sofa auf diese Decke gekuschelt. In letzter Zeit ging das nicht mehr, weil Mitch den Aufstieg aufs Sofa nicht mehr schaffte. Hinaufheben wollte mein Mann den oft schon orientierungslosen Hund nicht, denn womöglich wäre er nachts vom Sofa gefallen.

Mir blieb erstmal die Spucke weg. Natürlich bekam unser Oldie diese Decke in sein Körbchen.

Mitch hatte noch einen schönen Sommer. Im Herbst lag er eines Tages auf dem Rasen, vor seiner Nase wuchsen zwei Pilze. Er gab mir noch einen kurzen Hinweis auf den Tag, an dem er die erlösende Spritze brauchte – nur eine Farbe und eine Zahl –; doch ich hatte die Botschaft nicht gleich verstanden und begriff den Sinn erst später. Die Prophezeiung hatte sich erfüllt: Schneeflocken sollte Mitch nicht mehr sehen. Wir begruben ihn in der gelben Decke in unserem Garten.

Bei allem, was wir taten, fehlte unser geliebter alter Freund. Oft ging der Blick zu seinem Körbchen. Unser kleiner Engel war in Gedanken bei uns, wir konnten seine Nähe noch spüren. Seine Kameraden, drei weitere Hunde, halfen uns über die schwere Zeit hinweg. Nach einer Weile nahm ich noch einmal Kontakt zu Mitch auf.

„Das geht auch bei verstorbenen Tieren", hatte die Expertin gesagt, „ihre Energie stirbt nie." Ich erhielt die Botschaft: „Im August bin ich wieder da." Wollte Mitch in anderer Gestalt zu uns zurückkommen? Ich hatte das vage Gefühl, dass nicht schon der August des nächsten Jahres gemeint war. Jener August verstrich, im Dezember kam ein Hund einer anderen Rasse zu uns – schon im August geboren, aber es fühlte sich „irgendwie anders“ an.

Der nächste Hund war nicht geplant. Wir hatten uns zwar von Herzen noch einmal einen Bearded Collie wie Mitch gewünscht, hatten aber die Hoffnung aufgegeben, weil die Rasse stark überzüchtet ist, mit sehr langem, üppigem Fell, blassen Farben und Gesundheitsproblemen. Im Juli des nächsten Jahres gab es endlich einen vielversprechenden Wurf, doch bei uns lebten damals bereits vier Hunde. Ein weiterer kam nicht in Frage – bis einer der Welpen von der uns unbekannten Züchterin den Namen Mitch bekam, Anfang August, exakt am Tag unserer Silberhochzeit. Die Züchterin sagte später, der Name sei ihr immer im Kopf herumgegangen. Telepathie „von oben“?

Solch einen Zufall kann man nicht ignorieren. Der Kleine wurde unser Silberhochzeitsgeschenk. Wir gaben ihm den Namen, den Mitch laut Zuchtbuch gehabt hatte: Monty. Er entwickelte sich tatsächlich zu einem Hund wie Mitch: dunkelbraunes, pflegeleichtes Fell, robust und gesund. Auch wenn er sich vom Wesen her von seinem Vorgänger unterscheidet und man vermutlich nicht von Wiedergeburt sprechen kann, war „im August ein neuer Mitch“ doch zutreffend gewesen. Ob da wohl im Himmel ein vierbeiniger Engel nachgeholfen hat?

Inzwischen sind die nächsten beiden Hunde bei uns alt geworden. Auf die Tierkommunikation als wertvolle Hilfe möchte ich nicht mehr verzichten.

Gerade fällt mein Blick auf den Kalender. „Zufällig“ ist heute der siebte Todestag von Mitch. Ich würde mich nicht wundern, wenn er geholfen hätte, dass mir die richtigen Worte für diesen Text in den Sinn kamen.

Liesel Baumgart, Marne

Rituale zum Abschiednehmen

Sechstes Treffen der Trauergruppe

Rituale und Routinen sind feste und wichtige Bestandteile unseres Lebens. Sie geben dem Alltag Struktur und uns Sicherheit. Gerade in Verlustsituationen sind sie ein bedeutsamer, bisweilen sogar der letzte Anker, der uns noch Stabilität und Halt gibt, ein Stückchen „Normalität" aufrechterhält.

„Rituale, das klingt gut. Das klingt nach Halt finden", meint Susanne, als ich das Schwerpunktthema unseres heutigen Treffens ankündige. Sie hadert seit über drei Jahren damit, dass sie ihrer Bella die „Todestabletten" gegeben hat. Damals löste sich ihre Familie auf, das Haus wurde verkauft, und weder ihr Exmann noch die erwachsenen Kinder noch sie selbst konnten oder wollten die in die Jahre gekommene Border Collie-Hündin in das jeweilige neue Leben mitnehmen. Sie selbst war damals nach Südamerika ausgewandert und hatte gemeint, der betagten Hündin diese massive Veränderung nicht antun zu können. Ihre Tierärztin hatte ihr daher Tabletten mitgegeben. Zusammen mit ihrer Tochter (Sohn und Exmann „drückten sich") gestaltete sie für Bella einen so schönen Abschiedsnachmittag wie möglich. Tatsächlich schlief die Hündin dann „wirklich völlig ruhig und friedlich" in ihrem gewohnten Zuhause ein. „Damals war ich mir so sicher, dass es richtig war", meint sie und kämpft mit den Tränen. „Auch wenn es für mich das

Schlimmste war, was ich jemals tun musste, für Bella war es sicher das Beste. Aber seit ich aus Argentinien zurück bin, verfolgt mich der Gedanke, eine Mörderin zu sein. Vielleicht kann ich für mich ein Ritual finden, das es mir möglich macht, gut und endgültig Abschied zu nehmen."

Albert, dessen alter und schwerkranker Schäferhund zunehmend schwächer wird, schließt sich an: „Ja, das wäre schön, wenn ich etwas finden könnte, das mir den Abschied erleichtert. Wenn ich ehrlich bin, hat Nico inzwischen keine wirkliche Lebensqualität mehr. Würde eigentlich schon, aber vielleicht sollte ich ihn erlösen, bevor er auch die völlig verliert. Vielleicht kann mir ein Ritual helfen, ihn loszulassen und trotzdem mein eigenes Leben weiterzuleben. Vielleicht gibt es ja auch ein Ritual, das mir hilft, mit der Leere zurechtzukommen, die dann herrscht und vor der ich solche Angst habe. Und wenn ich mich vielleicht mit einem für uns beide schönen Ritual von ihm verabschieden könnte ..."

Bedeutung von Ritualen

Rituale markieren das Ende einer Zeit und den Beginn einer neuen Zeit. Sie sind extrem kraftvoll und können uns stark tragen. Sie haben etwas Tröstendes, weil sie in einer unsicheren Zeit Stabilität schaffen und Hinterbliebene mit dem Verstorbenen verbinden. Rituale verleihen dem inneren Empfinden einen sichtbaren Ausdruck.

Rituale sind auch deshalb so hilfreich, weil sie das eigene Tun gegen das Gefühl der Ohnmacht setzen. Dinge, vor denen wir Angst haben, lassen sich durch Planung besser überstehen. Wir werden dann nicht so leicht von ihnen überschwemmt.

Gemeinschaftliche Rituale können Trauernden zeigen, dass der Verstorbene auch für andere Menschen bedeutsam war.

Gemeinschaftliche Rituale können sein:

- Gestaltung des Abschieds am Grab
- einen Baum für den Verstorbenen pflanzen
- Geburts- und Todestag sowie andere Jahrestage gestalten
- Erinnerungsbuch anlegen
- Foto-Collage mit Bilder des Verstorbenen anfertigen
- Gedenkseite im Internet anlegen
- in der Wohnung eine Gedenkstätte errichten
- Ballons oder Laternen fliegen lassen
- Schwimmkerzen oder Papierboote in ein Gewässer setzen
- Geld für einen guten Zweck spenden
- gemeinsam musizieren

Die letzte Ruhestätte

Heute gibt es zahlreiche verschiedene Möglichkeiten, einem geliebten Gefährten ein würdiges Grab zu schenken bzw. ihm ein Denkmal zu setzen.

Erdbestattung

Bei Haustieren, deren Größe dies zulässt, bevorzugen es die meisten Menschen, den Verstorbenen **im eigenen Garten** zu begraben. Vielleicht ist es möglich, ihn an einem Platz beizusetzen, an dem er sich zu Lebzeiten besonders gerne aufgehalten hat. Wie Sie das Grab anschließend gestalten, ist ganz Ihnen überlassen. Vielleicht pflanzen Sie eine Staude, einen

Busch oder Baum darüber, vielleicht legen Sie einfach nur einen schönen Stein darauf, vielleicht mögen Sie aber auch ein richtiges kleines Grab anlegen, wie auf einem Friedhof, mit gravierter Stein- oder Metallplatte, Grabumfassung, Laterne, Blumenschale o.ä. Spüren Sie in sich hinein, was Ihres Erachtens am besten für Sie und ggf. Ihre Familie passt. Wenn Kinder mitbetroffen sind, beziehen Sie sie unbedingt in die Grabgestaltung ein!

Haben Sie selbst keine Grünfläche, ist es vielleicht möglich, Ihren verstorbenen Liebling **im Garten lieber Freunde** beizusetzen. In diesem Fall sollte von einer speziellen Grabgestaltung natürlich Abstand genommen werden, aber eine Trauerfeier lässt sich gewiss arrangieren. Und vielleicht dürfen Sie auch eine schöne Staude oder einen kleinen Baum zur Erinnerung pflanzen. Sprechen Sie sich aber unbedingt mit dem Gartenbesitzer ab, bevor Sie in Gärtnerei oder Gartencenter größere Einkäufe tätigen.

Auf einem privaten **Tierfriedhof** können Sie zwischen anonymer Bestattung und opulent gestalteten Einzelgräbern wählen. Viele Anbieter organisieren alles Nötige – vom Transport ab Tierklinik oder Zuhause bis zur späteren Grabpflege. Adressen und nähere Informationen erhalten Sie bei Ihrem Tierarzt, entsprechenden Bestattungsinstituten bzw. im Internet unter dem Suchbegriff *Tierfriedhof*. Dort können Sie sich auch einen ersten Überblick über die üblichen Kosten verschaffen.

Hinweis: Das Begraben von Haustieren im Wald oder überhaupt in der freien Natur ist verboten.

Und beachten Sie hinsichtlich Beisetzung in einem Garten bitte unbedingt die Regelungen an Ihrem Wohnort!

Eine Urne kann ihrerseits beigesetzt werden oder einen angemessenen Platz im Garten oder in der Wohnung erhalten. Unter dem Suchbegriff *Tierurne* bietet das Internet eine kaum mehr überschaubare Fülle von Gefäßen.

Wer seinen verstorbenen Begleiter ständig bei sich tragen möchte, sollte sich **Urnenanhänger** ansehen, wie sie in zahlreichen Größen, Formen, Materialien (und Preislagen) im Internet (Suchbegriff *Urnenanhänger*) sowie in zahlreichen Schmuck- und Juweliergeschäften erhältlich sind.

Viele Menschen wünschen sich etwas, das man berühren kann, auch wenn der Körper des Verstorbenen nicht mehr da ist. Eine Möglichkeit – die freilich ihren stolzen Preis hat – besteht darin, aus der Asche einen **Kristall** oder einen **Diamanten** pressen zu lassen. Bei der Kristallherstellung (aus Asche oder Haaren) können die Hinterbliebenen sogar dabei sein. Den Diamanten können Sie dann entweder in einer Schatulle aufbewahren oder in ein Schmuckstück (Kette, Ring ...) fassen lassen. Nähere Informationen finden Sie im Internet z.B. unter den Suchbegriffen *Kristallbestattung* bzw. *Diamantbestattung*.

Wenn Sie das Gefühl haben, dass Ihnen eine der oben genannten kostspieligen Möglichkeiten wirklich gut tut, investieren Sie das Geld. Gleichzeitig möchte ich darauf hinweisen, dass es für den Verstorbenen gewiss keine Rolle mehr spielt, ob er in seiner Decke, einem schönen Tuch oder in einem aufwendigen Sarg bzw. einer sündteuren Urne beigesetzt oder gar zu einem Diamanten wurde. Vielleicht wäre es ihm lieber, Sie investieren das Geld in **etwas, das noch lebenden Tieren zugutekommt**. Es gibt viele Möglichkeiten – über Tierheime hinaus spezielle Tierschutzorganisationen, Tiertafeln, Gnadenhöfe ... Sie könnten auch eine Tierpatenschaft übernehmen. Was, meinen Sie, wäre am meisten im Sinne des Verstorbenen?

Virtuelle Gedenkstätten

Unabhängig von allen oben genannten Bestattungsarten wird es heute immer beliebter, dem verstorbenen Gefährten in einem **virtuellen Tierfriedhof** eine Gedenkstätte einzurichten. Viele Anbieter dieses ständig wachsenden Marktes offerieren aufwendige individuelle Gestaltungsmöglichkeiten mit Kondolenzbuch u.v.a.m. Für internetaffine Menschen kann dies zusätzlich eine hilfreiche Möglichkeit sein, mit anderen Trauernden in Austausch zu kommen, wer will unter einem frei wählbaren Benutzernamen oder ganz anonym.

Die Chance zum – falls gewünscht anonymen – Austausch mit Gleichgesinnten bieten auch **Tiertrauerchats** und **Tiertrauerforen**.

Dieser Austausch kann in der Tat unterstützend sein. Dennoch rate ich zur **Vorsicht,** denn **nicht alle Kommentare anderer, fremder Menschen sind hilfreich**. Zudem besteht auch die Gefahr, dass Trauernde sich ganz an ihrem Computer vergraben und zeitweise den Bezug zum realen Leben verlieren.

Verantwortungsbewusste Eltern schauen übrigens immer mal wieder, ob und wenn ja wie und mit wem ihre **Kinder** auf derartigen Plattformen verkehren.

Bevor Sie sich in einem virtuellen Tierfriedhof anmelden oder an einem Tiertrauerchat, Tiertrauerforum o.ä. beteiligen, empfehle ich dringend, mehrere vorhandene Beiträge zu lesen. Das ist der beste Weg herauszufinden, ob das entsprechende Internetportal für Sie geeignet ist. Lesen Sie, um spätere unschöne Überraschungen zu vermeiden, immer die Nutzungsbedingungen oder AGBs, denen Sie u.a. entnehmen können, ob die Nutzung der Seite kostenlos ist bzw. welche Gebühren ggf. anfallen.

Die Google-Suche nach *virtueller Tierfriedhof* ergab im November 2014 über 35.000 Ergebnisse!

Wer seinem verstorbenen Liebling also online eine Gedenkstätte einrichten oder mit anderen Internetnutzern in Kontakt treten will, möchte, möge dies tun. Wie gesagt: Jeder Mensch ist anders, jeder trauert anders, jedem tut etwas anderes gut. Ich bitte Sie lediglich, auch wenn Sie sich momentan an jeden Strohhalm klammern, dennoch gesunde Skepsis walten zu lassen.

Hilfreiche Trauerrituale

Im Laufe der Menschheitsgeschichte haben sich für Übergangssituationen in den einzelnen Kulturen bestimmte Rituale entwickelt, die uns helfen, diese schwierigen Zeiten besser zu überstehen. Sie können eine Brücke bilden und unterstützen, einen Lebensabschnitt besser abschließen zu können.

Bestattungsritual und **Abschiedsritual** können getrennt bzw. einzeln zelebriert werden, aber natürlich auch zusammengefasst. In manchen Fällen ist kein Bestattungsritual möglich, beispielsweise wenn der Leichnam (etwa eines Pferdes) über den Tierarzt entsorgt werden musste oder wie bei Vermisstenfällen gar nicht greifbar ist. Eine Trauerfeier ist dann natürlich trotzdem möglich und kann sogar besonders wichtig sein.

Ein schöner erster Schritt ist die Gestaltung einer **Traueranzeige** (siehe Seite 175), die Sie ggf. auch an Menschen schicken können, die den Verstorbenen gut gekannt und gemocht haben und die Sie möglicherweise auch zum Abschiednehmen einladen möchten.

Bestattungsrituale

Eine **Erdbestattung**, egal ob im Garten oder auf einem Tierfriedhof, ist die bekannteste Form gemeinsamen feierlichen Abschiednehmens. So können etwa die Trauernden am Grab jeweils über ein besonders schönes Erlebnis mit dem Verstorbenen berichten. Kinder sollten übrigens nach Möglichkeit immer aktiv(!) mit einbezogen werden, z.B. indem auch sie erzählen, was sie an dem Tier besonders geliebt haben, indem sie ihm seine Decke oder sein Lieblingsspielzeug mitgeben oder auch ein Bild malen, das mit ins Grab kommt.

Ähnlich gestalten können Sie feierliches **Verstreuen der Asche** oder die Platzierung der **Urne** an einem angemessenen Gedenkort. Natürlich kann man anstelle eines Grabes auch einen **kleinen Altar** errichten, der dabei keineswegs nach „klassischem Altar“ aussehen muss. Vielleicht ein Foto des Verstorbenen an einem passenden Platz in der Wohnung, zu dem Sie bei Gelegenheit einen Blumenstrauß oder eine Kerze stellen.

Abschiedsrituale

Auch wenn kein Grab vorhanden ist, muss ein **symbolischer Abschied** stattfinden, damit das, was Vergangenheit ist, zur Ruhe kommen kann.

Eine solche **Trauerfeier** kann **an jedem beliebigen Ort** abgehalten werden, z.B. an einem Platz, an dem der Verstorbene besonders gerne lag oder am liebsten spazieren ging. Natürlich sollte die Zeremonie möglichst ungestört verlaufen können. Und es sollten ausschließlich Menschen dazu eingeladen werden, bei denen man sicher sein kann, dass sie echtes Verständnis für die eigene Trauer aufbringen.

Das Spektrum an Trauer- und Abschiedsritualen ist ebenso breit und vielfältig, wie es die unterschiedlichen Mensch-Tier-Beziehungen sind. Meine Erfahrung als Therapeutin hat gezeigt, dass wir darauf vertrauen dürfen, dass unser Unbewusstes uns immer einen Weg zeigen kann.

Planen Sie das Abschiedsritual für Ihren Liebling möglichst detailliert und in Ruhe: Bereiten Sie die einzelnen Schritte vor, und führen Sie sie dann auch wirklich durch.

- Welche äußere Form eines Abschiedsrituals wäre für Sie geeignet?
- Erdbestattung, Verstreuen der Asche an einem bestimmten Ort (oder in ein Gewässer), Andacht an einem kleinen Altar ...
- **Wer** sollte bei dem Abschiedsritual dabei sein? (Angehörige, Freunde, Familie...)
- Sollen es Menschen sein, die den Verstorbenen (gut) gekannt und geschätzt, vielleicht auch geliebt haben und die selbst Abschied nehmen möchten?
- Wünschen Sie sich Menschen, die vorrangig kommen, um *Sie* in diesen schweren Stunden zu unterstützen?
- **Wo** soll das Abschiedsritual stattfinden? (am Grab, am Stall des Verstorbenen, an einem Lieblingsort des Verstorbenen ...) Ein sehr berührendes Abschiedsritual kann beispielsweise sein, den Lieblingsspazierweg eines Hundes nachzugehen.
- Möglich ist natürlich auch ein Ort, den *Sie* besonders gerne mögen (bedenken Sie aber, dass dieser Platz dann für lange Zeit mit dem Gefühl des Abschiednehmens besetzt sein wird).
- **Wann** könnte ein guter Zeitpunkt sein?

- Welchen **Ablauf** wünschen Sie sich? (Rede, Blütenblätter ...)
- Welche Dinge brauchen Sie dazu? (Kerzen, Blumen ...)

Gedenktage

In diesem Abschnitt geht es darum zu schauen, wie Sie solche Tage überleben und so gestalten können, dass Sie nicht von der Trauer total überflutet und weggeschwemmt werden. Nutzen Sie Jahrestage zum bewussten Gedenken!

Jahres- bzw. Gedenktage einfach ausfallen zu lassen, ist meist keine gute Lösung, da sie einen erfahrungsgemäß einholen. Mir persönlich ging es einmal so, dass ich am Geburtstag meines mehrere Jahre zuvor verstorbenen Katers als Teilnehmerin auf einer Fortbildung war, deren Leitung an diesem Seminartag ein sehr schönes Blumengesteck aufstellt hatte. Ich hatte nicht auf das Datum geachtet und wunderte mich, warum alle die Blumen so lebendig und fröhlich fanden, während sie für mich eindeutig wie ein Trauergesteck aussahen und mir fast die Tränen in die Augen trieben ... Ich war völlig irritiert – wie gesagt, hatte ich das Datum an diesem Tag nicht bewusst präsent, mein Unbewusstes aber offensichtlich sehr wohl. Nachdem mein Mann dann am Telefon den Jahrestag erwähnte, war es mir auf einmal klar – und ich konnte auch besser damit umgehen.

Übungen

Eine Traueranzeige gestalten

Entwerfen Sie für den Verstorbenen eine Traueranzeige.

Sie können dies entweder so tun, wie Sie sie „klassisch“ auch für einen Menschen formulieren würden, oder Sie gestalten eine aus der Sicht des Verstorbenen. Was würde *er* über den eigenen Tod mitteilen wollen? Was wäre *ihm* wichtig für die Überlebenden?

Überlegen Sie, was am besten passt – für Sie *und* für den Verstorbenen.

Gestalten Sie die Anzeige auch graphisch, zeichnen Sie einen Trauerrand ein, wählen Sie ein Foto dazu aus, einen Spruch ...

Manche Menschen verschicken ihre Traueranzeige an Freunde und Bekannte, die den Verstorbenen gekannt und gemocht haben, und/oder veröffentlichen sie in einem entsprechenden Internetforum (siehe oben). Wer mag, kann sich dort auch Anregungen für die eigene Anzeige und/oder den Nachruf (siehe S. 100) holen.

Den nächsten Jahrestag planen

- Was ist der nächste besondere Tag, der gestaltet werden möchte?
- Wovor haben Sie hinsichtlich dieses bestimmten Jahrestags besonders Angst?
- Was geht gar nicht, was möchten Sie auf keinen Fall machen?
- Wie könnten Sie diesen Tag so gestalten, dass Sie etwas Schönes daraus mitnehmen?
- Was ist dazu nötig?
- Wen könnten Sie dazu um Unterstützung bitten?
- Was brauchen Sie noch?

Planen Sie den Tag möglichst konkret:

- Tagesablauf
- Welche Vorbereitungen sind nötig?
- Welche Menschen möchten Sie berücksichtigen?

Fragen zum ersten Todestag

(bei Vermisstenfällen haben Sie hierzu sicher bereits ein Datum gewählt, das Ihrem Gefühl nach passt – sei es der Tag des Verschwindens oder ein anderer):

- Wie haben Sie es geschafft, dieses erste Jahr ohne Ihren Gefährten zu meistern?
- Was ist Ihnen am schwersten gefallen?
- Was hat Ihnen am meisten geholfen?
- Was haben Sie Neues über sich und die Menschen in Ihrem Umfeld gelernt?
- Welche Fähigkeiten haben Sie sich „ertrauert"?

Fragen für die Selbstreflexion / Ihr Trauer-/Erinnerungsbuch:

- Was war für mich in diesem Kapitel besonders hilfreich?
- Was hat sich in der letzten Woche in meinem Leben zum Positiven hin verändert?
- Welches Ritual, welche Rituale möchte ich aufgreifen?
- Wann wäre ein guter Zeitpunkt dafür?

Wie es andere erlebten ...

Cäsar

Zu meinem 12. Geburtstag wünschte ich mir einen Wellensittich. Haustiere hatte es in meiner Familie immer gegeben, mein Bruder hatte einen Hamster, unsere Meerschweinchen bekamen sogar einmal Junge, und mein Vater pflegte ein großes 500-Liter Aquarium, seit ich mich erinnern kann. So sehr mir aber auch alle Tiere am Herzen lagen, am engsten ist mir schließlich Wellensittich Cäsar ans Herz gewachsen.

Ich bekam Cäsar als Jungtier und zugleich die Auflage meiner Mutter, mich viel um ihn zu kümmern, da Wellensittiche ja gesellige Tiere sind und – insbesondere wenn sie als zahme Einzeltiere gehalten werden – stets neue Herausforderungen brauchen. So ließ ich meinen Vogel, wann immer möglich, mit offener Türe frei im Zimmer fliegen. Wenn ich Hausaufgaben machte, saß er meist auf meiner Schulter und knabberte an meinem Ohrläppchen herum. Oder er drehte ein paar Runden um die Zimmerlampe und verarbeitete danach stundenlang die Einbände der Bücher im Regal zu Konfetti. Neugierig wie er war, reichte ihm die Vogelbadewanne nicht, und er versuchte immer wieder, in meine Tasse zu springen. Aber so lernte ich Verantwortung und verließ das Zimmer erst dann, wenn nur noch fingerbreit Wasser in Gläsern und der Gießkanne stand, damit Cäsar keine Gefahr drohte zu ertrinken. Ein paar Worte hatte ich ihm auch beigebracht, sprach er dann vor einem Spiegel mit sich selbst, hätte ich ihm ewig zusehen können – wären da nicht die leidigen Schulaufgaben gewesen ...

Als ich nach dem Abitur zum Studieren in eine Universitätsstadt zog, kam Cäsar natürlich mit. Er war mittlerweile sieben Jahre alt und ich musste die Sorge oft regelrecht verdrängen, dass er schon zu den Methusalems unter den Wellensittichen gehörte. Unter den neuen Kommilitonen ging das Verständnis für mein Haustier weit auseinander: Für die einen war ich nur „der Typ mit dem Vogel“ – das nicht besonders einfallsreiche Wortspiel hatte mich schon während der Schulzeit begleitet. Andere freuten sich, wenn sie zu Besuch kamen, und genossen es wie ich, wenn Cäsar sie direkt anflog und auf ihren Haaren oder der Schulter landete. Und wieder andere erklärten mir, dass sie nichts von Tieren in Gefangenschaft hielten: Ich würde sicherlich irgendwelche Einsamkeitskomplexe verdrängen, wenn ich mit einem Vogel befreundet wäre, zumal mit einem, der einige Worte sprechen konnte, ein Ersatzgesprächspartner sozusagen. Mich focht das alles nicht an. Cäsar gehörte zu mir, und wenn ich nach Hause kam, erfüllte sein kehliges Gezwitscher die Wohnung mit Leben.

Nach anderthalb Jahren in der Studentenbude jedoch war die Zweisamkeit vorbei. Es war ein klarer Novembertag und ich kam spät nach Hause, als es schon dunkel war. Normalerweise reagierte Cäsar dann rasch auf meinen Schlüsselbund und ich pfiff zur Begrüßung irgendeine kleine Melodie. Doch diesmal kam keine Antwort, und sofort stieg ein beklemmendes Gefühl in mir hoch. Ich ging zu seinem Käfig, den ich bei Abwesenheit immer verschloss, sah die leeren Stangen und dann ihn im Sand auf dem Boden. Ich war tieftraurig, und sogleich schoss mir durch den Kopf, dass ich dankbar für das Alleinsein war, dass niemand meine Tränen sah und mein Abschiednehmen durch gefühllose Kommentare stören konnte.

Nach einer langen Weile, in der ich mich ganz bewusst an Situationen mit Cäsar erinnerte und in der damit auch ein Großteil meines eigenen Lebens an mir vorüberzog, rief ich eine meiner besten Freundinnen an, von der ich wusste, dass sie die Begleitung von Tieren ebenfalls sehr schätzte. Für ihr Verständnis und die richtigen Worte – es waren nicht viele! – werde ich ihr ewig dankbar sein. Am nächsten Tag trafen wir uns und begruben Cäsar an einer sichtgeschützten Stelle im Stadtpark. Es war keine echte Zeremonie, die wir abhielten, aber wir nahmen uns viel Zeit, über das Leben und den Tod nachzudenken. Und ich wünschte Cäsar einen Platz im Sittichhimmel, so es einen geben sollte.

In den folgenden Wochen zog ich mich innerlich zurück, nur wenige meiner besten Freunde wussten von Cäsars Ableben und ließen mich weitgehend in Ruhe. Ich wollte nicht darüber sprechen, war selbst hin- und hergerissen, mir diese Trauer überhaupt zuzugestehen. Und ich hätte von den wenigsten echtes Verständnis erwartet, hatten die meisten mein Haustier doch ohnehin recht skeptisch betrachtet. Wenn ich unterwegs war, konnte ich relativ gut abschalten, zuhause jedoch starrte mich der leere Platz, an dem sein Käfig gestanden hatte, regelrecht klagend an. Ich räumte die Wohnung um, das wirkte ein bisschen, doch am Ende war es wohl in erster Linie die Zeit, die mir half, den Verlust zu verschmerzen.

Ich habe seitdem kein Haustier mehr gehalten, der Tod von Menschen, die mir nahe standen, war beklemmend und hat mich jedes Mal tief getroffen. Die deutlich kürzere Lebenszeit, die den meisten Tieren auf Erden zur Verfügung steht, machte mir nicht zuletzt nach der intensiven Zeit und dem plötzlichen Ende von Cäsar schlicht Angst. Ich habe in dieser Phase die Erfahrung gemacht, dass es nur wenige Menschen gibt, die meine Emotionen teilen konnten, diese waren in aller Regel selbst Tierhalter oder zumindest -liebhaber. Mittlerweile bin ich einfach nur froh über die Zeit, die ich mit Cäsar verbringen konnte und sehe gern und doch immer auch etwas wehmütig zurück. Und ich stehe zu meinen Gefühlen: Wenn mich sein Tod traurig gemacht hat und mir selbst bei der Erinnerung noch die Augen feucht werden, dann ist das eben so. Wer dem rationell nicht folgen kann, braucht dies nicht zu tun. Cäsar war und ist ein Teil meines Lebens und damit ist es allein meine Angelegenheit, wie ich mit diesem Teil umgehe.

Oliver Gehrle, Köln

Meine Katzen

Im Widmungsbüchlein meiner Mutter, das sie um 1919 nach Abschluss ihres Tanzstundenkurses erhielt, steht etwas Ungewöhnliches: „Fräulein Thomas hat besondre Triebe mit ihrer großen Katzenliebe."

Diese Liebe habe ich wohl von ihr geerbt. Seit über 60 Jahren gehören Katzen – mit wohnsituationsbedingten Unterbrechungen – zu meinem Lebenskreis, und ich habe diese eigenwilligen, kaum „erziehbaren" lieben Hausgenossen als ausschließliche Stubenbewohner, mehr aber noch als Freigänger sehr schätzen gelernt.

Zwei Mal, jeweils etwas 15 Jahre lang, konnte ich meinen Stubenkater Heinrich beziehungsweise meine Freigängerin Maunz in ihrem Wesen, ihrer durchaus nicht hündischen Abhängigkeit und drolligen Eskapaden studieren. Beide warfen sich als Zeichen äußerster Behaglichkeit oft auf den Rücken, streckten alle Viere von sich und wollten gründlich gekrault werden. Selbstverständlich konnte ich mich diesen deutlichen Gesten gegenüber niemals hart zeigen. Schön war auch ihr lautes Schnurren und Streichen um meinen Rockschoß, gleich nachdem der Löffel verheißungsvoll in der Futterküche geklappert hatte.

Ich habe sowohl streunende Tiere von draußen aufgenommen als auch aus dem Tierheim „ausgelöst", zuletzt vor sechs Wochen meine schneeweiße etwa achtjährige Shira.

Doch mit meinen lieben Katzen hatte ich nicht nur viele wunderschöne Stunden, sondern auch manche schwere. Heinrich musste ich wegen Bauchwassersucht einschläfern lassen, meine Maunz wegen eines großen Gesäugetumors. Mein Kater Sanduhr (wegen der so gestalteten weißen Zeichnung auf der Nase) war oft viele Tage unterwegs und ist seit diesem Sommer verschollen. Alle Suchanschläge blieben vergebens. In den letzten 15 Jahren habe ich drei meiner Lieblinge dem Moloch Straßenverkehr opfern müssen. Aber für zwei meiner Lieblinge habe ich Gräber in einem Park bzw. im Garten von Freunden eingerichtet. Dort halte ich mich öfters auf und gedenke wehmutsvoll der mit ihnen verbrachten schönen Stunden. Eine gute Hilfe zur Erinnerung an meine vierbeinigen Lieben ist auch mein spezielles Katzenlichtbilderalbum. Ja, und gelegentlich höre ich mir meine weiland aufgenommenen Tonkassettenaufnahmen mit ihrem Schnurren an. Eine weitere Erinnerung der skurrileren Art ist eine Dose mit Schnurrhaaren der unterschiedlichsten Längen und Farben – gewiss nicht ausgerissen, sondern abgefallen!

Harald Funk, Halle

Mein bester Freund – mein Hund

So viele Jahre lang,
hast du mich
begleitet.

Jeden Tag
hast du mich
mit Freude
begrüßt.

Jeden Abend,
bist du
mit mir eingeschlafen
und hast mich
am Morgen
geweckt.

Die nasse Zunge
in meinem Gesicht,
sollte mir,
deine Liebe zeigen.

Freunde
kamen und gingen
auf unserem Weg,
doch du
warst immer
für mich da.

Du
hast mich geliebt,
so wie ich
wirklich bin.

Auch ohne
schöne Kleidung
und Make up
hast du mir,
dein Herz geschenkt.

Wenn ich traurig war,
hast du mir
ein Lächeln
ins Gesicht gezaubert.

Wenn ich glücklich war,
hast du dich
mit mir gefreut.

Du hast mir
blind vertraut,
hast nie
an mir gezweifelt
so wie ich
es oft tat.

Du hast mir
meine Seele gewärmt,
in kalten Nächten
und grauen Tagen.

Du hast mich beschützt
und mich verteidigt,
wenn ich Hilfe brauchte.

Nicht immer,
konnte ich dir
die Zeit geben,
die du

verdient hättest.
Nicht immer
konnte ich dir
die Liebe geben
die du
gebraucht hättest.

Doch du
hast nie aufgehört,
mich zu lieben.

Du warst
mein bester
und treuester Freund
in all den Jahren.

Du kanntest
keinen Neid,
keinen Hass,
keine Eifersucht.

Nur wahre
und reine Liebe
wohnte
in deinem Herzen.

Du hast dein Leben,
in meine Hände gelegt
und mir immer
bedingungslos vertraut.

Nun stehe ich
an deinem Körbchen
und begleite dich
auf deinem letzten Weg.

Du bist so schwer krank
und deine treuen Augen
schauen mich
hilfesuchend an.

Tränen
tropfen auf dein Fell,
mein Gesicht
ganz nah
bei deinem.

Und du
leckst meine Finger
um mich
zu trösten,
meinen Kummer
zu lindern.

So,
wie du es immer
getan hast.

Wie soll ich
nur weiter leben,
ohne dich?

Ohne
meinen besten Freund.

Ich weiß,
dass du leidest
und gehen wirst.

Ich habe alles versucht,
deine Schmerzen

zu lindern.
Du hast
in meinen Armen
geschlafen,
dich sicher
und geborgen gefühlt.

Doch nun,
muss ich dich
gehen lassen.

Deinen letzten Weg
über die Regenbogenbrücke
in eine bessere Welt
ohne Schmerzen.

Ich weiß,
dass du
auf mich warten wirst
und mich
auf der anderen Seite
schwanzwedelnd begrüßt.

Dann werden wir gemeinsam
über Blumenwiesen laufen
und wieder
zusammen sein.

Ich lasse dich los,
ich lasse dich gehen
hinauf
zu den Sternen.

Christina Stöger

Neuorientierung – Rück- und Vorschau

Siebtes und letztes Treffen der Trauergruppe

Offiziell trifft sich die Gruppe heute zum letzten Mal. „Offiziell" deswegen, weil sich einige Teilnehmer inzwischen miteinander angefreundet haben und weiterhin in Kontakt bleiben wollen. Viele Mitglieder äußern Bedauern und auch Gefühle der Trauer darüber, dass wir in der bisherigen Form nicht mehr zusammenkommen werden. Aber alles hat seine Zeit, und nach dieser Gruppe kommt etwas anderes.

Neben der Trauer geben alle aber auch ihrer Freude und Dankbarkeit Ausdruck dafür, dass sie ein Stück ihres Weges gemeinsam gehen, sich begleiten und stützen konnten. Im Zentrum unseres Abschiedstreffens steht die Neuorientierung. Wir wollen gemeinsam Wege finden, den Verstorbenen auf Dauer so in unser Leben zu integrieren, dass er zu einem Kraft und Lebensfreude spendenden Anteil des Selbst wird. Es geht darum, dem Verlorenen emotional einen neuen Platz zu geben. Er soll einen inneren Platz haben als Ratgeber, als innerer Begleiter, als stärkende Erinnerung, Vorbild, Mahnung oder Beschützer.

Zum Abschluss unserer gemeinsamen Zeit benennt jeder in der Runde, was sich für ihn im Laufe unserer Treffen zum Positiven verändert hat, wie es konkret weitergehen soll und was er nun gegebenenfalls noch braucht, um den eigenen Weg gut weiterzugehen.

Die meisten Teilnehmer fühlen sich emotional gestärkt und blicken zuversichtlich nach vorn. Magdalena hat sich entschieden, demnächst einem neuen Vierpföter ein Heim zu geben – ein paar Wochen braucht sie wohl noch, aber dann wird sie sich aktiv umzuhören beginnen bzw. dem Tierheim einen Besuch abstatten. Eine ältere Katze soll es sein, selbst wenn dann vielleicht schon bald ein neuer Abschied ins Haus steht. Sie selber ist ja auch nicht mehr die Jüngste. Es gibt so viele Katzen, die einen guten Platz verdienen, und bei ihr ist ein solcher guter Platz freigeworden. Auch Klaus wird sich wieder einen Gefährten holen, er möchte allerdings einen Welpen, mit dem er dann auch die Hundeschule besuchen wird. Beiden steht, als sie von ihren Plänen berichten, die Vorfreude bereits ins Gesicht geschrieben. Fabian, Christoph, Brigitte, Gerlinde und Anne meinen, dass auch sie sich wohl mittelfristig für ein neues Tier entscheiden werden. Fabian wird dann aber sicher zwei Katzen nehmen, Geschwister – damit sie zum einen nicht so viel allein sind, aber auch damit ihn, wenn einer etwas zustoßen sollte, die andere „weiter am Laufen hält", und Gerlinde denkt ebenfalls über die Anschaffung von zwei oder vielleicht sogar mehr Vögeln nach. Eine kleine Voliere sollte schon Platz in ihrer Wohnung haben.

Susanne möchte keinen Hund mehr, auch keine Katze, ihr ist klargeworden, dass in ihrem derzeitigen Lebensabschnitt Unabhängigkeit Vorrang hat: „Aber man soll ja nie nie sagen."

Lisa ist noch unschlüssig; wenn überhaupt, wird sie sich für ein anderes Tier – d.h. keinen Rassehund mehr – entscheiden. Gegebenenfalls will sie sich nach geretteten Hunden aus Spanien, Griechenland o.ä. umtun, da hat sie von vielen Seiten sehr, sehr viel Gutes gehört.

Elfriede hat schon kurz nach Marius‘ Tod ein neues Pferd gekauft, das sie bislang jedoch emotional auf Abstand hielt. Das möchte sie ändern. Und Albert? Er hat sich nach unserem letzten Treffen tatsächlich von seinem Nico verabschieden können. „Es war gut und richtig“, sagt er, „unendlich traurig, aber irgendwie auch schön. Ich konnte es uns beiden schön machen, und jetzt fängt für mich halt ein anderer, neuer Lebensabschnitt an.“

Unsere Aufmerksamkeit steuert unser Erleben

Was und wie stark wir etwas empfinden, d.h. Art und Ausmaß eines Gefühls wird wesentlich durch persönliche Bewertungen bestimmt. Die Erfahrung, dass identische Belastungen je nach momentaner Befindlichkeit völlig unterschiedlich erlebt und bewältigt werden können, haben Sie sicher schon oft genug selbst gemacht. Und die Befindlichkeit hängt in sehr hohem Maße davon ab, wohin wir unsere Aufmerksamkeit richten. *Energy flows where attention goes*, heißt ein Gesetz, das nicht nur in der Quantenphysik Gültigkeit hat, sondern auch für die menschliche Wahrnehmung gilt. Dass Energie dahin fließt, wohin die Aufmerksamkeit geht, wird in vielerlei therapeutischen Kontexten genutzt.

Nun funktioniert menschliche Wahrnehmung – wir haben es bereits im Kontext der Erinnerungen (siehe S. 144ff.) angesprochen – nicht wie ein Fotoapparat, sondern sehr selektiv. Wir alle nehmen bevorzugt Dinge wahr, auf die wir – bewusst oder unbewusst – unsere Aufmerksamkeit richten. Wollen Sie beispielsweise ein neues Auto kaufen und haben sich bereits für eine bestimmte Marke vorentschieden, haben Sie sicher oft das Gefühl, Autos genau dieser Marke beherrschten den gesamten Straßenverkehr. Umgekehrt funktioniert es aber genauso: Wenn uns z.B. ein Fuß weh tut, wir mit unserer Aufmerksamkeit aber ganz woanders sind, weil uns etwas sehr interessiert oder fasziniert oder weil wir einfach begeistert tanzen, bemerken wir gar nicht, dass der Schuh drückt.

Unglücklicherweise hat die Aufmerksamkeit eine automatische Tendenz, sich auf Negatives bzw. Unangenehmes zu fokussieren. Und diese Tendenz ist umso ausgeprägter, je stärker man unter einer Belastung leidet. Deshalb fällt es uns in Extremsituationen – und der Verlust eines geliebten Lebewesens zählt zu den schlimmsten Extremsituationen überhaupt – so schwer oder es erscheint gar unmöglich, an irgendetwas anderes zu denken.

Emotionales Erleben ist nie statisch, sondern unterliegt immer Schwankungen und – zumindest zu einem gewissen Prozentsatz – auch unserer Entscheidung. So gut wie immer lassen sich *Ausnahmen* finden, Zeiten in denen es besser geht. Zumindest lassen sich *Unterschiede* in unserer Befindlichkeit erkennen. Und wir können *immer* bis zu einem gewissen Grad bestimmen, worauf und in welche Richtung wir unsere Aufmerksamkeit lenken wollen. So funktioniert schließlich auch Ablenkung! Das Problem ist, dass wir uns diese Einflussmöglichkeit nur selten bewusst machen – und sie somit viel zu selten nutzen.

Ziele des Trauerprozesses

Wir sind gemeinsam ein Stück Ihres Trauerweges gegangen. Vielleicht fragen Sie sich nun, wohin die Reise Sie letztlich führen wird, was denn Ziel des Trauerprozesses sein könnte. Auf diese Frage – wie auf so viele andere – gibt es keine allgemeingültige Antwort. Das ganze Leben ist eine Reise, und ich hoffe sehr, dass dieses Buch Ihnen auf einem schwierigen Wegstück ein wenig Unterstützung bieten konnte. Abschließend möchte ich Ihnen zusammengefasst noch einige Aspekte mitgeben, die meiner Erfahrung nach bei der Verlustbewältigung eine zentrale Rolle spielen:

Widersprüche zulassen

Der Umgang mit Tod und Trauer wird, wie der Psychologe und Therapeut Hans Goldbrunner schreibt, heute oft auf zwei einander praktisch entgegengesetzte Richtungen reduziert. Auf der einen Seite gibt es Verdrängung und Tabuisierung, auf der anderen ein aktives Ausleben des Verlustschmerzes. Den meisten Menschen erscheint es weniger bedrohlich, sich auf eine der beiden Positionen zurückzuziehen, als das Kippen zwischen den Extremen zuzulassen.

Versuchen Sie, die Ambivalenz als etwas Normales zu begreifen. Haben Menschen ihre Ambivalenz erst einmal erkannt, fällt es gewöhnlich leichter, mit der inneren Spannung so umzugehen, dass man ihr nicht mehr völlig ausgeliefert ist. Radikale Ablösung ist ebenso wenig förderlich wie übertriebene Pflege eines Totenkults. Es geht vielmehr darum, den Verstorbenen als einen inneren Begleiter zu integrieren und in die künftige Lebensgestaltung einzubeziehen.

Wir müssen akzeptieren, dass die *reale Beziehung* zu dem Verstorbenen beendet ist. Dieser Schritt ist schmerzhaft, aber unverzichtbar. Gleichzeitig kann und soll jedoch die *innere Bindung* aufrechterhalten werden.

Die Beziehung aufrechterhalten

Die *innere Beziehung* zwischen Verstorbenem und Hinterbliebenen bleibt also bestehen, auch wenn das geliebte Tier nicht mehr physisch anwesend ist. Häufig bewahren Trauernde ein Gefühl von Nähe und eine innere Verbindung zum Verstorbenen, die teils auf einer bewussten, teils auf einer unbewussten Ebene angesiedelt ist, und genau diese Bindung kann zur hilfreichen Ressource für die Hinterbliebenen werden. Die unten genannten Fragen und Übungen können Ihnen helfen, diejenigen Botschaften herauszufinden, die für Sie heilsam und hilfreich sind.

Und natürlich gilt es anzuerkennen – und zuzulassen –, dass sich die Repräsentation des Verstorbenen mit der Zeit verändert, entwickelt.

Eine „zweitbeste Lösung" finden

Der Tod eines geliebten Wesens kommt immer zur falschen Zeit, und zusätzlich zu dem Schmerz um den akuten Verlust weist er uns darauf hin, dass alles vergänglich und wie unberechenbar das Leben überhaupt ist.

Jeder Tod verändert das Leben, und wir Hinterbliebene müssen uns auf diese Veränderung einlassen. Außenstehende, so die Theologin und Trauerberaterin Chris Paul, „möchten oft, dass alles wieder so wird wie vorher, und ihre Trostangebote zielen meist auf diese Wiederherstellung eines Zustandes, der nicht wiederherstellbar ist." Wie wenig hilfreich dies ist, wissen wir alle aus eigener leidvoller Erfahrung.

Auch die meisten Trauernden wünschen sich nichts sehnlicher, als den Verstorbenen wieder lebendig bei sich zu haben. Doch dieses Erstbeste – den Verlust rückgängig machen –, ist nicht mehr erreichbar. Fragen wir uns also: Was wäre das Zweitbeste?

Einige Fragen zu einer „zweitbesten Lösung" (nach Roland Kachler)

- Der Tod Ihres Gefährten hat Sie tief getroffen, und Sie wissen noch gar nicht, wie Sie damit langfristig zurechtkommen sollen. Wenn Sie jedoch einen Wunsch hätten, wie möchten Sie denn gerne damit zurechtkommen, dass Ihr geliebtes Tier nicht mehr lebt?
- Vielleicht wissen Sie selbst noch nicht, wie Sie mit dem Verlust leben können. Wenn Sie noch keine Vorstellung davon haben – was ganz natürlich wäre –, welchen Wunsch hätte Ihr geliebtes Tier wohl für Sie?
- Und wenn Sie sozusagen Ihren Schmerz und Ihre Trauer befragen würden, was würden die Ihnen jetzt zu Ihrer Situation sagen, welche Aufgaben würden die beiden Ihnen stellen?
- Wenn Sie Ihr Unbewusstes oder den Verstorbenen bitten würden, Sie dabei zu unterstützen, welche Hilfen würde diese Ihnen anbieten?
- Wenn es für Sie so etwas gäbe wie eine weitergehende innere Beziehung zu dem Verstorbenen, wenn das tatsächlich vorstellbar wäre, wie würden Sie sich diese Beziehung vorstellen wollen?
- Wenn Sie innerlich den Verstorbenen fragen, wie würde er sich eine solche innere Beziehung vorstellen?
- Und woran würden Sie und andere merken, dass sich allmählich eine gute und sichere innere Beziehung einstellt?

Offene Fragen akzeptieren

Viele Trauernde quält die Frage des Warum. Man sucht Gründe für das Geschehene, nicht selten auch eigene Fehler, Unterlassungen. Dabei fragt das *Warum* nicht nur nach den Ursachen, sondern auch nach dem Sinn und Zweck eines Todesfalls, und danach, wie und warum wir weiterleben sollen. Sinn an sich gibt es jedoch nicht. Alles im Leben hat immer nur den Sinn, den *wir* einer Sache zu *geben* beschließen.

Dazu kann gehören, eine plausible und auch objektiv akzeptierbare Geschichte zu formulieren, in der die Erinnerungen gebündelt und interpretiert werden. Wenn Menschen ihren Verlust nicht in eine in sich stimmige Erzählung ihrer Lebensgeschichte integrieren können, kann auch komplizierte Trauer entstehen.

Das Bedürfnis nach Bedeutung und Sinn der biografischen Erfahrungen zählt zu den menschlichen Grundbedürfnissen. Ein Verlust unterbricht das vor dem Todesfall gültig gewesene Welt- und Selbstbild. Im Trauerprozess gilt es nun, eine neue, stimmige Lebensgeschichte für sich zu entwickeln, das eigene Leben ein Stück weit neu zu erfinden. In diesem Sinne ist Trauerarbeit auch Abschied von der Trauer und Arbeit an einem Leben nach dem Verlust.

Gleichzeitig haben wir an anderer Stelle gehört, dass das Warum zumeist gar keine wirkliche Frage ist, sondern eine Klage, eine Klage, die einfach Raum braucht und gehört werden möchte. Und wenn man Geduld hat und lernt, „die Fragen selbst liebzuhaben", dann lebt man vielleicht, wie Rainer Maria Rilke es so wunderbar beschrieben hat, „allmählich, ohne es zu merken, eines fernen Tages in die Antwort hinein." (aus einem Brief von R. M. Rilke an Xaver Kappus, 16. Juli 1903)

Über die Geduld
nach Rainer Maria Rilke

Man muss den Dingen
die eigene, stille
ungestörte Entwicklung lassen,
die tief von innen kommt
und durch nichts gedrängt
oder beschleunigt werden kann,
alles ist austragen – und
dann gebären...

Reifen wie der Baum,
der seine Säfte nicht drängt
und getrost in den Stürmen des Frühlings steht,
ohne Angst,
dass dahinter kein Sommer
kommen könnte.

Er kommt doch!

Aber er kommt nur zu den Geduldigen,
die da sind, als ob die Ewigkeit
vor ihnen läge,
so sorglos, still und weit...

Man muss Geduld haben

Mit dem Ungelösten im Herzen,
und versuchen, die Fragen selber lieb zu haben,
wie verschlossene Stuben,
und wie Bücher, die in einer sehr fremden Sprache
geschrieben sind.

Es handelt sich darum, alles zu leben.
Wenn man die Fragen lebt, lebt man vielleicht allmählich,
ohne es zu merken,
eines fernen Tages
in die Antworten hinein.

Wann ist die Zeit der Trauer vorbei?

Meinem Verständnis nach ist die Zeit der Trauer vorbei bzw. der Prozess der Verlustbewältigung abgeschlossen, wenn die Erinnerung an den Verstorbenen nicht mehr schmerzhaft weh tut. Gelegentliche Momente der Sehnsucht und der leisen Wehmut bleiben sicherlich. Und das ist auch ganz in Ordnung.

Überwiegend sind wir jedoch, wenn wir an den Verstorbenen denken, von Dankbarkeit erfüllt; Dankbarkeit dafür, dass er uns ein Stück unseres Lebenswegs begleitet hat, Dankbarkeit dafür, dass er unser Leben bereichert hat und dass er uns etwas geschenkt und hinterlassen hat, was auch unser weiteres Leben bereichert.

Manchmal endet die Trauer nie, dann müssen wir lernen, damit zu leben. In solchen Fällen steckt hinter der Trauer um den aktuellen Verlust freilich oft noch etwas anderes. Dann kann kompetente professionelle therapeutische Begleitung dazu beitragen, die Rückkehr in ein erfülltes, glückliches Leben gelingen zu lassen.

Übungen

Kostbare Erinnerungen

Schreiben Sie den Namen Ihres Verstorbenen in Großbuchstaben in Ihr Trauer-/Erinnerungsbuch, und zwar so, dass die Buchstaben untereinander stehen.

Finden Sie nun zu jedem Buchstaben mindestens eine charakteristische Eigenschaft des Verstorbenen oder eine schöne Erinnerung, die Sie mit ihm verbinden. Einzige Vorgabe: Sie muss mit demselben Anfangsbuchstaben beginnen. Überlegen Sie nicht lange hin und her, schreiben Sie auf, was Ihnen spontan einfällt. Hier ein Beispiel für den Namen *Albin*:

- **A** **A**pportieren, **A**nhänglichkeit, **A**ufwecken um 5 Uhr früh ...
- **L** **L**eine tragen, **L**uftsprünge machen ...
- **B** **B**all spielen, **B**etteln bei Tisch, im **B**ett schlafen wollen ...
- **I** **I**n jede Pfütze tappen, **I**mmer fröhlich ...
- **N** **N**eugierig rumschnuppern, **N**asse Hunde**N**ase ...

Welche Botschaften bleiben?

Machen Sie nun die Übung noch einmal, wobei Sie dieses Mal (ebenfalls mit demselben Anfangsbuchstaben) jeweils einige Begriffe dazuschreiben, was der Verstorbene Ihnen Ihres Erachtens gern hinterlassen möchte. Was möchte er, so wie Sie ihn in Erinnerung haben, dass Sie in Ihr weiteres Leben integrieren?

Beispiel:

- A **A**usruhen können, guter **A**ppetit, **A**berwitz ...
- L **L**ebenslust, vertrauensvolle **L**iebe, **L**oslassen, **L**ebendigkeit, **L**achen ...
- B **B**ewegungsfreude, auch mal zu**b**eißen ...
- I **I**mprovisationstalent, **I**nnere Gelassenheit, **I**n der Sonne liegen ...
- N **N**ie aufgeben, **N**eugier ...

Wählen Sie abschließend aus den Begriffen drei aus und schreiben Sie daraus mit Verbindungsworten eine kleine Geschichte, ein Gedicht oder ein Elfchen (siehe Seite 116f.).

Anschlussaufgabe 1:

Wie können Sie die in der Übung „Welche Botschaften bleiben?" gefundenen Dinge in Ihr Leben übernehmen? Überlegen Sie sich für mehrere Botschaften einen konkreten kleinen ersten Schritt und einen guten konkreten Zeitpunkt, wann Sie diesen ausführen wollen.

Das *konkret* ist dabei wichtig.

Haben Sie zum Beispiel neben den Buchstaben B das Wort „Bewegungsfreude" geschrieben, könnten Sie sich vornehmen (und das dann auch wirklich umsetzen!), dass Sie am kommenden Sonntag gleich nach dem Frühstück eine halbe Stunde lang joggen gehen, einen Spaziergang machen oder etwas anderes, was für Sie mit „Bewegungsfreude" verbunden ist. Und vergessen Sie den zweiten Teil des Wortes nicht: Es geht nicht allein um Bewegung, auch die *Freude* will Raum bekommen. Was brauchen Sie dazu? Vielleicht nette Begleitung? Ein attraktives Ziel? oder ... ? Sie finden bestimmt etwas, was für Sie passt!

Anschlussaufgabe 2:
Was könnte ein guter konkreter zweiter, dritter, vierter … Schritt sein, und wann ist ein passender konkreter Zeitpunkt dafür?

Bitte machen Sie immer nur einen Schritt nach dem anderen. Wenn wir zu schnell irgendwohin wollen und nicht auf unsere Füße und den Untergrund achten, kann es leicht passieren, dass wir stolpern. Und nicht jeder Schritt muss ein anderer, neuer sein, nur der Zeitpunkt dafür muss fest- und dann auch eingehalten werde.

Mein LebensBaum

(nach Mignon v. Scanzoni)

Der Lebensbaum ist ein bekanntes Symbol in der Biographiearbeit.

Zeichnen Sie auf einen großen Bogen Papier einen Baum – mit Wurzeln, Stamm, Ästen und Zweigen, Blättern und Blüten und/oder Früchten. Verwenden Sie Farben!

In einem zweiten Schritt beantworten Sie die folgenden Fragen und zeichnen die Antworten (in Worten oder als Symbole) an den entsprechenden Stellen des Baumes ein:

- Was sind meine Wurzeln (Ressourcen)?
- Was gibt mir Kraft zum Wachsen und Gedeihen?
- Was gibt mir aufrechten Halt?
- Welche Form hat die Krone?
- Für was stehen die Hauptäste?
- Gibt es abgebrochene oder abgesägte Äste? Wofür stehen diese?
- Welche größeren Verzweigungen fallen auf?

- Gibt es Wunden am Stamm? Wofür stehen sie? Inwieweit sind sie bereits vernarbt?
- Was sind die bisherigen Früchte meines Lebens?
- Welche Blüten befinden sich noch im Knospenstadium?
- Welche „Vögel“ sind in meinem Lebensbaum zu Gast?

Heute in drei Jahren

(nach: Bödiker/Theobald)

Unabhängig davon, wie lange Ihr Verlust heute schon zurückliegt, möchte ich Sie nun auf eine gedankliche Reise in die Zukunft einladen. Lesen Sie die folgenden Fragen und notieren Sie die Antworten in Ihr Trauer-/Erinnerungsbuch.

- Wo werden/möchten Sie sich um die gleiche Zeit heute in drei Jahren aufhalten?
- Wo genau sind Sie? Draußen in der Natur, in einem Gebäude ...?
- Wie sieht es dort aus (falls Sie in Ihrer Wohnung sind, was hat sich dort ggf. verändert)?
- Was haben Sie an?
- Wer ist dort bei Ihnen – oder sind Sie alleine?
- Was tun Sie gerade?
- Wie sieht Ihr normaler Tagesablauf inzwischen aus?
- Was ist Ihnen wichtig?
- Was fällt Ihnen (immer noch) schwer?
- Wofür sind Sie dankbar?
- Welche Urlaubs-, welche Zukunftspläne haben Sie?
- Welche Hobbys pflegen Sie?
- Worauf freuen Sie sich?

Anschließend ziehen Sie kurz vergleichende Bilanz:

- Ist die Zeit in drei Jahren momentan überhaupt vorstellbar?
- Worin unterscheidet sich die gedachte Zukunft von der Gegenwart?
- Worin noch? Und worin noch?
- Welche Gedanken/Gefühle von heute sind dann noch ebenso präsent wie heute? Haben Sie eine Vermutung warum?
- Welche neuen positiven Gedanken/Gefühle sind hinzugekommen?
- Wie fühlt es sich für Sie körperlich an, wenn Sie sich in diese gedachte Zukunft versetzen?

Fragen für die Selbstreflexion / Ihr Trauer-/Erinnerungsbuch:

- Was war für mich in diesem Kapitel besonders hilfreich?
- Wovon kann ich mich jetzt schon trennen, welches Wegstück meiner Trauer habe ich schon absolviert?
- Mit welchen Anteilen des Verstorbenen möchte ich weiter verbunden bleiben?
- Wie und wo kann ich das, was mir momentan noch fehlt, für mich suchen und am ehesten finden?
- Was alles hat sich in meinem Leben zum Positiven verändert, seit ich dieses Buch zum ersten Mal in die Hand genommen habe?

Unterstützung suchen und annehmen

Jeder Mensch trauert anders und braucht auch Unterschiedliches, um in ein freudvolles Leben zurückzufinden. In vielem sind sich die Menschen, die ich bisher als Trauerbegleiterin unterstützen durfte, freilich einig. Und alle empfinden es als besonders wichtig und hilfreich, über ihren Verlust sprechen zu dürfen, ohne bedrängt zu werden.

Wenn Sie, lieber Leser, keine professionelle Hilfe in Anspruch nehmen können oder möchten, zögern Sie nicht, in Ihrem privaten Umfeld Hilfe zu suchen. Bitten Sie einen Menschen Ihres Vertrauens, Ihnen einfach nur zuzuhören – ohne Kommentar, vor allem ohne Wertung und, das ist besonders wichtig, ohne den Versuch, Ihren Kummer wegzutrösten. Sagen Sie, wie es Ihnen geht, was Sie sich wünschen, was Sie brauchen, um mit Ihrem Schmerz besser zurechtzukommen.

Fünf Hauptaufgaben der Trauerbegleitung
(nach Kerstin Lammer)

- Den Tod begreifen helfen
- Den Reaktionen Raum geben
- Den Verlust anerkennen
- Übergänge unterstützen (Ermutigung zum Erinnern und Erzählen)
- Ressourcen (und Risiken) einschätzen

Meiner Erfahrung nach geht es im Prinzip primär darum, ernst genommen zu werden. Doch gerade das ist auch das Schwierige.

Nachfolgend habe ich einige Hinweise und Tipps dazu zusammengefasst, was die meisten Trauernden als hilfreich erleben. Wenn jemand aus Ihrem Umfeld Ihnen seine Unterstützung anbietet, können Sie ihm also die folgenden Seiten zu lesen geben.

Die Begleitung Trauernder kann den Weg nicht abkürzen, aber sie kann ihn erträglicher machen. So kann der Begleiter auch Anstöße geben, den Verlauf des Trauerns aus einer größeren Distanz zu sehen, und dem Trauernden zugleich aufzeigen, dass der Schmerz nicht so statisch ist, wie er von dem Betroffenen wahrgenommen wird.

Wie kann hilfreiche Trauerbegleitung aussehen?

Wichtigste Grundregel: Bringen Sie Zeit mit, haben Sie für alles ein offenes Ohr, werten Sie nicht und urteilen Sie nicht!

Seien Sie einfach für den Trauernden da. Fragen Sie ihn, was er sich von Ihnen wünscht, wie Sie ihn am besten unterstützen können: Du fühlst dich allein gelassen. Was kann *ich* hier und jetzt für dich tun? Möchtest du mir erzählen, was momentan für dich am schlimmsten ist?

- Jeder Mensch, auch in schlimmen Situationen, weiß gewöhnlich am besten, was ihm in seiner jetzigen Situation gut tut. Und er wird es Ihnen auch sagen, wenn Sie ganz offen und unvoreingenommen fragen – und wenn Sie nicht gleich nachhaken, falls er nicht sofort antwortet. Haben Sie Geduld. Warten Sie schweigend mit ihm ab – die Antwort kommt schon.
- Nehmen Sie den Trauernden ernst, egal was kommt. Hören Sie zu. Alles ist okay.
- Würdigen Sie den Verlust des anderen. Selbst wenn etwas Neues kommt, wird es nie ein Ersatz sein.

- Erlauben Sie dem Trauernden, so viel Trauer auszudrücken, wie er jetzt gerade empfindet und mit Ihnen teilen möchte.
- Haben Sie ein offenes Ohr, auch wenn Sie meinen, das Gesagte zum 500. Mal zu hören.
- Geben Sie Raum für Tränen.
- Akzeptieren Sie, dass es keine Antworten gibt.
- Sprechen Sie über Gefühle, ohne sie wegzutrösten.
- Lassen Sie alles zu, und lassen Sie auch den Verstorbenen „dabei“ sein.
- Begleiten Sie den Trauerenden in seinem Rhythmus, und halten Sie es aus, dass es langsam geht, dass der andere zeitweise feststeckt.
- Manches mag Ihnen skurril oder fremd erscheinen, aber urteilen und werten Sie nicht. Die Welt ist für den Trauernden schon ver-rückt genug.
- Halten Sie die Launen und Launenhaftigkeit des Trauernden aus. Wir wissen nicht, was sich der Trauernde wünscht. Allzu oft weiß er es selbst nicht und leidet darunter zusätzlich. Halten Sie diese Ungewissheit mit dem anderen zusammen aus. Wir können ihm seine Trauerarbeit nicht abnehmen, aber wir können dasein und sagen, dass es langsam gehen darf, dass es keine Vorgaben gibt, kein richtig und kein falsch.
- Ermutigen Sie den Trauernden, mit sich selbst Geduld zu haben, nicht zu viel zu verlangen und sich selbst keine Schuld zuzuschreiben.
- Drängen Sie dem Trauerenden nichts auf, auch nicht sich selbst. Glauben Sie nicht, entscheiden zu können, was ihm gut tun würde. Bringen Sie ihm das Vertrauen entgegen, dass er es selbst schaffen wird. Das ist ein erster Schritt zurück zu dem für ihn so wichtigen Gefühl, (wenigstens ein bisschen) Kontrolle zu haben.

- Trennen Sie, was Ihres ist – was Ihnen helfen würde, hilft nicht automatisch dem anderen.
- Nennen Sie den Verstorbenen beim Namen. Erinnern Sie an ihn, erzählen Sie von ihm, was Sie selbst mit ihm verbinden. Ignorieren Sie den Verstorbenen nicht, sondern beziehen Sie ihn in das Leben ein.
- Sagen Sie nie: „Ich weiß, wie du dich fühlst". Das können Sie nicht! Das kann niemand! Kein Mensch kann den Schmerz, die ganze Bandbreite des Leids, empfinden, das ein anderer empfindet. Für Leid gibt es kein objektives Maß.
- Fangen Sie nicht an, von eigenen durchlebten und bewältigten Verlusten zu erzählen.
- Bagatellisieren Sie das Leid des anderen nicht.
- Erkenntnisse können nur von einem selbst gewonnen werden. Kommen sie von außen, werden sie leicht als übergriffig, anmaßend oder sogar als Frechheit empfunden.
- Wechseln Sie nicht das Thema, wenn der Trauernde auf den Verstorbenen zu sprechen kommt.
- Weisen Sie nicht darauf hin, dass es viele Tiere gibt, die beispielsweise im Tierheim darauf warten, einen guten Platz zu finden. Natürlich ist dem so, aber der Trauernde muss selbst auf die Idee kommen, einem anderen Tier einen guten Platz geben zu wollen. Wenn und wann es für ihn passt, kommt er ganz von allein auf den Gedanken. Dann – aber nur dann – können Sie eventuell anbieten, ihn auf der Suche nach einem neuen Gefährten zu begleiten.
- Sie können für gewisse Situationen Angebote machen, geben Sie aber keine Ratschläge (Ratschläge sind auch „Schläge"). Und akzeptieren Sie es, wenn Ihr Angebot abgelehnt wird. Vielleicht ist momentan noch nicht die richtige Zeit dafür.

- Begleitung bedeutet, auch Wege mitzugehen, die man selbst in einem vergleichbaren Fall nicht gehen würde.
- Wenn Sie nicht wissen, was Sie angesichts der Trauer des anderen sagen sollen, schweigen Sie mit ihm – oder formulieren Sie genau dies: „Ich weiß auch nicht, was ich jetzt sagen soll." Oder: „Das muss furchtbar sein."; „Es ist schwer für dich zu akzeptieren, dass ... nicht mehr da ist." „Ich würde dir gerne helfen, aber ich weiß nicht wie."
- Wenn Sie ehrlich mitempfinden, wird Ihr Gegenüber das spüren. Das scheinbar so banale „Mit-Aushalten" ist die größte Unterstützung, die Sie geben können.

Unterschiedliche Menschen – unterschiedliche Bedürfnisse

Manche Trauerreaktionen sind für uns eher nachvollziehbar, andere erscheinen schwer oder gar nicht verständlich. Bekannt ist die Unterscheidung in vier Persönlichkeitstypen. Dem Riemann-Thomann-Modell zufolge gibt es vier Grundausrichtungen des Menschen, die bei jedem in unterschiedlicher Ausprägung vorkommen: Nähe – Distanz und Dauer – Wechsel.

Diese vier Menschentypen unterscheiden sich natürlich auch darin, wie sie ihre Trauer nach außen zeigen, was sie brauchen und was ihnen gar nicht gut tun. Ohne generalisieren zu wollen, hier ein kurzer, an das genannte Modell angelehnter Abriss, der für Angehörige / Begleiter von Trauernden hilfreich sein kann – weil er aufzeigt, wie unterschiedlich die Menschen sind und dass sie eben auch hinsichtlich Trauerbegleitung ganz unterschiedliche Bedürfnisse haben können.

Extravertiert/Veränderung:
Menschen dieses Typs zeigen ihre Trauer stark nach außen, reden viel darüber, suchen aktiv nach Bewältigungsmöglichkeiten und Hilfe.

Als hilfreich erlebt werden häufig: Gespräche, Kontakt, Anregungen für Neues/Veränderung; Internetforen, Trauergruppen, Trauerreisen

Extravertiert/Bewahrer:
Menschen dieses Typs zeigen ihre Trauer offen, suchen Unterstützung in eigener Gruppe.

Als hilfreich erlebt werden häufig: Rituale, Kontakt mit Vertrauten, Routine, Körperkontakt, Solidarität mit möglichst vielen, Zugehörigkeitsgefühl

Introvertiert/Veränderung:
Menschen dieses Typs zeigen ihre Trauer nach außen kaum oder gar nicht, sind jedoch Veränderungen gegenüber prinzipiell aufgeschlossen.

Als hilfreich erlebt werden häufig: Verständnis für Rückzug; leise, unaufdringliche Anregungen für eigene Bewältigungsschritte

Introvertiert/Bewahrer:
Menschen dieses Typs zeigen ihre Trauer nach außen selten oder gar nicht und möchten häufig nicht einmal, dass diese von ihrer Umwelt dezidiert wahrgenommen wird.

Als hilfreich erlebt werden häufig: In Ruhe gelassen werden, Zeit für sich haben

Praktische Hilfen

(nach P. D'Arcy)

- Schenken Sie ZEIT!
- Planen Sie Besuche so ein, dass sie zum Tagesablauf des Trauernden passen, sodass Sie auch wirklich Zeit füreinander haben. Bei Alleinstehenden etwa kann gerade der Sonntag das Richtige sein.
- Übernehmen Sie Besorgungen und Tätigkeiten, die dem Trauerenden schwerfallen.
- Bringen Sie ein kleines Geschenk mit – nicht unbedingt einen Trauerratgeber (das kann, auch wenn noch so gut gemeint, als drängender Hinweis verstanden werden, doch endlich über die Trauer hinwegzukommen). Vielleicht besser eine duftende Körperlotion, ein Stück Kuchen (und auch eines für Sie selbst) oder etwas Deftiges, Blumen ...
- Schlagen Sie gemeinsame Aktivitäten vor, aber drängen Sie nicht und werden Sie nicht ungeduldig, wenn Sie mehrere Anläufe nehmen müssen.
- Schenken Sie, wenn der Trauernde dies annehmen kann, Berührungen, Umarmungen. „Ich würde dich jetzt gern in den Arm nehmen. Darf ich?"
- Begleiten Sie den Trauernden bei der Planung von Ritualen oder Jahrestagen. Unterstützen Sie ihn dabei, den Ablauf praktisch, Schritt für Schritt, zu planen, indem Sie fragen, wie er es sich konkret vorstellt. Fragen Sie immer wieder nach: Ist das so für dich vorstellbar? Glaubst, du dass der Tag/das Ritual so für dich zu einer schönen Erinnerung werden kann – oder was fehlt noch?
- Bewahren Sie die Erinnerung beispielsweise durch eine Postkarte oder einen Anruf an Todes- und/ oder Geburtstagen. Es ist hilfreich zu spüren, dass

der geliebte Begleiter auch in der Erinnerung anderer weiterlebt.

- Erinnern Sie den Trauernden daran, dass es seine eigene Entscheidung ist, ob und wie er darüber hinwegkommen möchte. Es gehört ein Wille dazu, und wir sind fähig, neue Wege zu gehen, wenn wir uns dafür entscheiden.
- Lassen Sie den Trauernden spüren (aber drängen Sie nicht!), dass *Sie* daran glauben, dass er seinen Weg finden wird, über den Verlust hinwegzukommen.

Noch einmal: Die meisten Trauernden wissen, wo ihr Weg ist, was ihnen gut tun würde und welche Gestaltungsmöglichkeiten sie haben. Sie brauchen „lediglich" Begleitung. Oft ist freilich gerade das besonders schwer, denn wir wollen den anderen ja aktiv unterstützen. Denken Sie daran, was Sie sich selbst in einer solchen Situation wünschen würden, berücksichtigen aber gleichzeitig die o.g. unterschiedlichen Persönlichkeitstypen.

Es geht um eine gemeinsame Suche nach hilfreichen Dingen. Es geht nicht ums Sagen, sondern ums Fragen. Es geht in allererster Linie ums Zuhören, ums Mit-Aushalten, ums Da-Sein.

*Wenn man jemandem
sein Herz ausschütten kann,
ist es danach in einem guten
Sinne leer.*

Literatur- und Quellenverzeichnis
(Auswahl)

Bamberger, Günter G.: Lösungsorientierte Beratung.
Bauer, Joachim: Das Gedächtnis des Körpers.
Bauer, Joachim: Prinzip Menschlichkeit.
Bender, Wolfram / Stadler, Christian: Psychodrama-Therapie.
Blaser, Klaus: Aufmerksamkeit und Begegnung.
Blaser, Klaus: In mir und um mich herum.
Bödiker, Marie-Luise / Theobald, Monika: Trauer-Gesichter.
Boss, Pauline: Verlust, Trauma und Resilienz.
Böwen, Deborah / Strickler, Susan: Trösten, wenn die Worte fehlen.
Canacakis, Jorgos: Ich sehe deine Tränen.
Chödrön, Pema: Geh an Orte die du fürchtest.
Chödrön, Pema: Wenn alles zusammenbricht.
Dick, Andreas: Mut.
Dolan, Yvonne: Schritt für Schritt zur Freude zurück.
Finke, Jobst: Gesprächspyschotherapie.
Fritzsche, Kai / Hartmann, Woltemade: Einführung in die Ego-State-Therapie.
Fröschl, Monika: Die heilende Kraft des Labyrinths.
Gendlin, Eugene: Focusing.
Goldbrunner, Hans: Dialektik der Trauer.
Hanson, Rick / Mendius, Richard: Das Gehirn eines Buddha
Hayes, Steven / Smith, Spencer: In Abstand zur inneren Wortmaschine.
Hoffmann, Nicolas / Hofman, Birgit: Anpassungsstörung und Lebenskrise.
Hüther, Gerald: Bedienungsanleitung für ein menschliches Gehirn.
Hüther, Gerald: Biologie der Angst.
Hüther, Gerald: Die Macht der inneren Bilder.
Jäger, Willigis: Die Welle ist das Meer.
Jerneizig, R. / Langenmayr, A. / Schubert U.: Leitfaden zur Trauertherapie und Trauerberatung.
Jülicher, Jochen: Es wird alles wieder gut, aber nie mehr wie vorher.
Jülicher, Jochen: Ich lerne wieder neu zu leben.
Jülicher, Jochen: Solange ihr mich liebt.
Kabat-Zinn, Jon: Zur Besinnung kommen.
Kachler, Roland: Hypnosystemische Trauerbegleitung.
Kast, Verena: Abschied von der Opferrolle.
Kast, Verena: Lebenskrisen werden Lebenschancen.
Kast, Verena: Sich einlassen und loslassen.
Kast, Verena: Sich wandeln und sich neu entdecken.
Kast, Verena: Trauern.
Kast, Verena: Wir sind immer unterwegs.
Kaufmann, Jürgen / Kreitmeir, Christoph / Wagner, Maximilian: Ein Quell in unserer Wüste.
Klingenberger, Hubert / Zintl, Viola: Eigenständig.
Klingenberger, Hubert: Lebensmutig.
Kourilsky, Françoise: Freude am Wandel.
Kunz, Stefanie u.a.: Krisenintervention.
Lammer, Kerstin: Trauer verstehen.
Langmaack, Barbara / Braune-Krickau, Michael: Wie die Gruppe laufen lernt.

Ludwig, Claudia: Wenn das Haustier stirbt.
Lukas, Elisabeth: Spirituelle Psychologie. Quellen sinnvollen Lebens.
Lukas, Elisabeth: Rendezvous mit dem Leben.
Luoma, Jason B. / Hayes, Steven C. / Walser, Robyn D.: ACT Training. Acceptance & Commitment Therapie: ein Handbuch.
Masson, Jeffrey M. / McCarthy, Susan: Wie Tiere fühlen.
Mohl, Alexa: Der große Zauberlehrling.
Müller, Else: Du spürst unter deinen Füßen das Gras.
Müller, Monika: Dem Sterben Leben geben.
Müller, Monika / Schnegg, Matthias: Der Weg der Trauer.
Müller, Monika / Schnegg, Jochen: Unwiederbringlich – Vom Sinn der Trauer.
Müller-Commichau, Wolfgang / Schaefer, Roland: Wenn Männer trauern.
Paul, Chris: Wie kann ich mit meiner Trauer leben?
Pauls, Christa / Sanneck, Uwe / Wiese, Anja: Rituale in der Trauer.
Pilatus, Claudia / Reinecke, Gisela: Es ist doch nur ein Hund ...
Pisarski, Waldemar: Auch am Abend wird es licht sein.
Pisarski, Waldemar: Was mir auf der Seele liegt.
Plattner, Ilse E.: Die Hoffnung bleibt.
Riemann, Fritz: Grundformen der Angst.
Rinpoche, Sogyal: Das tibetische Buch vom Leben und vom Sterben.
Roese, Neal: Ach hätt' ich doch!
Röhr, Heinz-Peter: Vom Glück sich selbst zu lieben.
Sammer, Ulrike: Verlust, Trauer und neue Freude.
Schäfer, Klaus: Trösten – aber wie?
Scherschel, Susann: Abschied vom geliebten Haustier.
Schiblisky, Michael: Trauerwege.
Schmidt, Gunther / Dollinger, Anna / Müller-Kalthoff, Björn (Hrsg.): Gut beraten in der Krise.
Schmidt, Gunther: Liebesaffären zwischen Problem und Lösung.
Schneider-Landolf, Mina / Spielmann, Jochen / Zitterbarth, Walter: Handbuch Themenzentrierte Interation (TZI).
Servan-Schreiber, David: Die neue Medizin der Emotionen.
Sparrer, Insa / Varga von Kibéd, Matthias: Klare Sicht im Blindflug.
Specht-Tomann, Monika / Tropper, Monika: Zeit des Abschieds.
Spitzer, Manfred: Nervensachen.
Stadtmüller, Godehard: Einstellung und Schicksal. Wie Einstellungen unser Leben verändern.
Stein, Murray: D.G. Gungs Landkarte der Seele.
Storch, Maja u.a.: Embodiment. Die Wechselwirkung von Körper und Psyche verstehen und nutzen.
Storch, Maja / Krause, Frank: Selbstmanagement – ressourcenorientiert.
Tolle, Eckhart: Eine neue Erde.
Tolle, Eckhart: Jetzt!
Tolle, Eckhart: Stille spricht.
Tolle, Eckhart: Tolles Tierleben.
Varga von Kibéd, Matthias / Sparrer, Insa: Ganz im Gegenteil.
Wellensiek, Sylvia: Handbuch Resilienz-Training.
Wengenroth, Matthias: Das Leben annehmen.
Wilber, Ken: Wege zum Selbst.
Wiltschko, Johannes: Hilfslosigkeit in Stärke verwandeln.
Witt-Loers, Stephanie: Trauernde begleiten.

Wolf, Doris: Einen geliebten Menschen verlieren.
Wolf, Doris: Einsamkeit überwinden.
Yalom, Irvin D.: Existenzielle Psychotherapie.
Yalom, Irvin D.: Theorie und Praxis der Gruppenpsychotherapie.

Zeitschrift: Leidfaden. Fachmagazin für Krisen, Leid, Trauer.
Insbes. Heft 3, 3. Jg.: Leid im Abseits. Aberkannte und nicht gesehene Trauer.

Nicht veröffentliche Skripten von: Dr. Klaus Blaser, Yvonne Dolan, Dr. Kai Fritzsche, Dr. Hubert Klingenberger, Dr. Ortwin Meiss, Waldemar Pisarksi, Mignon v. Scanzoni, Claudia Schmidbauer, Dr. Gunther Schmidt, Dr. Godehard Stadtmüller, Gertrud Stöbele, Dr. Matthias Varga v. Kibed

Dank

Neben dem Verleger Dr. Alexander Schug, der es ermöglichte ein Projekt zu realisieren, das mir seit langem am Herzen liegt, gilt mein Dank den Teilnehmern meiner Trauergruppen und Supervisionen sowie meinen Klienten, auf deren Fälle und Anliegen – selbstverständlich anonymisiert und immer auch in abgewandelter Form – dieses Buch zurückgreift.

Besonders danke ich all jenen, die sich bereiterklärt haben, ihre ganz privaten Gedanken und Gefühle zu ihrem Verlust veröffentlichen zu lassen. Fast alle haben die Aufzeichnungen auch mit ihrem richtigen Namen gezeichnet. Hut ab und Merci!

Transparenz ist mir in meiner Arbeit generell sehr wichtig. Gleichzeitig war es unmöglich, immer verlässlich die ursprüngliche Quelle anzugeben. Hinsichtlich geistigen Eigentums hoffe ich, alle Autoren genannt zu haben, denen dieses Buch direkt oder indirekt Anregungen und Anleitungen verdankt. Sollte dies versehentlich dennoch einmal unterblieben sein, bitte ich um Nachsicht – und um Mitteilung, damit dieses Versäumnis schnellstmöglich korrigiert werden kann.

Hier all meine Lehrer aufzuführen ist nicht möglich, aber diejenigen, die mich auf meinem eigenen Weg begleitet haben, wissen dies und um meinen aufrichtigen Dank dafür. Einige, deren Gedankengut und Konzepte insbesondere auch in dieses Buch einflossen, seien – in alphabetischer Reihenfolge – nachfolgend genannt: Prof. Dr. Wolfram Bender, Dr. Klaus Blaser, Dr. Albrecht Boeckh, Dr. Bertram Dippel, Yvonne Dolan, Dr. Kai Fritzsche, Stephanie d'Huc-Rudolph, Dr. Jürgen Killus, Ulrike Kirchner, Dr. Hubert Klingenberger, Dr. Ulf Klein, Margit Lendawitsch, Dr. Orwin Meiss, Franz Ritter, Mignon v. Scanzoni, Dr. Gunther Schmidt, Dr. Godehard Stadtmüller und, last not least, Gertrud Ströbele vom KDFB, bei der ich meine Trauergruppenleiter-Ausbildung absolvieren durfte und auf deren Konzept mein eigenes aufbaut.